Linguagem e escola

Conselho Acadêmico
Ataliba Teixeira de Castilho
Carlos Eduardo Lins da Silva
Carlos Fico
Jaime Cordeiro
José Luiz Fiorin
Tania Regina de Lu

Proibida a reprodução total ou parcial em qualquer mídia
sem a autorização escrita da editora.
Os infratores estão sujeitos às penas da lei.

A Editora não é responsável pelo conteúdo deste livro.
A Autora conhece os fatos narrados, pelos quais é responsável,
assim como se responsabiliza pelos juízos emitidos.

Consulte nosso catálogo completo e últimos lançamentos em **www.editoracontexto.com.br**.

Magda Soares

Linguagem
e escola

editora**contexto**

Copyright © 2017 da Autora

Todos os direitos desta edição reservados à
Editora Contexto (Editora Pinsky Ltda.)

Montagem de capa e diagramação
Gustavo S. Vilas Boas

Preparação de textos
Lilian Aquino

Revisão
Nanci Ricci

Dados Internacionais de Catalogação na Publicação (CIP)
Andreia de Almeida CRB-8/7889

Soares, Magda
Linguagem e escola : uma perspectiva social /
Magda Soares. – 18. ed., 4ª reimpressão. –
São Paulo : Contexto, 2023.
160 p.

Bibliografia.
ISBN 978-85-7244-989-2

1. Alfabetização 2. Linguística 3. Sociolinguística 4. Língua
portuguesa – Estudo e ensino I. Título

16-1521   CDD 410

Índices para catálogo sistemático:
1. Sociolinguística

2023

EDITORA CONTEXTO
Diretor editorial: *Jaime Pinsky*

Rua Dr. José Elias, 520 – Alto da Lapa
05083-030 – São Paulo – SP
PABX: (11) 3832 5838
contato@editoracontexto.com.br
www.editoracontexto.com.br

Sumário

Prefácio à nova edição 7

Introdução 9

O fracasso da/na escola 13

    Uma escola para o povo ou contra o povo? 13

    Uma primeira explicação: a ideologia do dom 17

    Uma segunda explicação: a ideologia da deficiência cultural ... 19

    Uma terceira explicação: a ideologia das diferenças culturais ... 23

    O papel da linguagem 25

Deficiência linguística? 29

    A patologização da pobreza 29

    A hipótese da deficiência linguística 33

    A involuntária colaboração de Bernstein 35

    Educação compensatória: a lógica e o fracasso das soluções 47

Diferença não é deficiência..59

O mito da deficiência linguística..............................59

Preconceito linguístico e fracasso escolar.................62

A decisiva contribuição de Labov.............................67

A solução: um bidialetalismo funcional....................76

Na escola, diferença é deficiência.......................83

Deficiência, diferença ou opressão?..........................83

Bourdieu e a economia das trocas linguísticas..........87

O capital linguístico escolarmente rentável...............94

A solução não está na escola...................................100

Que pode fazer a escola?.................................103

As respostas das três teorias....................................103

Fracasso da escola..106

A escola redentora..108

A escola impotente..111

Por uma escola transformadora................................113

Um bidialetalismo para a transformação...................117

Glossário..125

Bibliografia comentada....................................141

A autora...159

Prefácio à nova edição

Em 1986 foi publicada a primeira edição de *Linguagem e escola: uma perspectiva social.* Desde então, este livro tem tido sucessivas edições e reimpressões. Não por acaso, o mesmo vem ocorrendo com livros de vários outros autores, também publicados nos anos 1980 sobre a mesma temática e com semelhantes objetivos – as relações injustas entre escola pública e uma sociedade dividida em classes, negando os legítimos direitos a uma educação de qualidade às crianças das camadas populares (alguns desses livros estão indicados e comentados na "Bibliografia comentada" apresentada no final desta nova edição de *Linguagem e escola*). É que, naquela década de 1980, chegava ao fim a Ditadura Militar e lutávamos não só pela redemocratização do país, mas também pela democratização da educação e da escola, e os educadores ganhávamos de novo o direito à voz da denúncia e o dever de reivindicar uma escola democrática e justa.

Passaram-se mais de três décadas; o que pode explicar que esta e aquelas outras obras publicadas na década de 1980 tenham mantido sua pertinência e interesse ao longo desse período, e ainda se justifiquem novas edições na segunda década do novo século?

É que os problemas da educação brasileira analisados (e denunciados) nesta e naquelas obras continuam presentes, não se tendo ainda chegado à equidade de resultados na educação, porque ainda são injustas as relações entre a sociedade e a escola pública, permanecendo o fracasso escolar das crianças e jovens das camadas populares.

Assim, é o compromisso com uma educação de qualidade para todos que explica esta nova edição de *Linguagem e escola: uma perspectiva social*, é a insistência em continuar desvelando a persistente falta de equidade na escola pública brasileira, é a persistência em continuar cumprindo o dever de colaborar para que se torne real o ainda mito da democratização do ensino: não só democratização do acesso à escola, mas também democratização do acesso à aprendizagem de qualidade.

Se, porém, esta nova edição insiste no mesmo tema, persiste na mesma crítica às relações entre sociedade e escola pública, mantém a mesma proposta de uma escola justa, a obra foi inteiramente revista e atualizada em dados e alguns conceitos. Dessa forma, foi ampliada ganhando novos parágrafos e novas referências bibliográficas: é o livro da década de 1980 renovado para continuar servindo à educação pública brasileira na segunda década do novo século.

Introdução

Este livro pretende analisar as relações entre linguagem e escola, tendo como principal foco de interesse a contribuição dessa análise para a compreensão do problema da educação das **camadas populares*** no Brasil.

Quando se considera que as camadas populares constituem a grande maioria da população brasileira – em 2015, segundo dados do Instituto Brasileiro de Geografia e Estatística (IBGE), 66% da população economicamente ativa (excluída, pois, a população desempregada, que, nesse mesmo ano, atingiu taxa

---

* O negrito indica palavras ou expressões presentes no "Glossário", onde é esclarecido o sentido que lhes é atribuído neste livro. O negrito é usado apenas na primeira vez em que a palavra ou expressão incluída no "Glossário" aparece no texto.

de quase 10%) recebia apenas até dois salários mínimos, e cerca de 80% situava-se na faixa de não mais que até cinco salários mínimos –, pode-se concluir que a escola brasileira é, fundamentalmente, uma escola para o povo.

Entretanto, essa escola para o povo é, ainda, extremamente insatisfatória. Do ponto de vista *quantitativo*, é possível reconhecer que, pelo menos no que se refere ao ensino fundamental, a quase totalidade das crianças das camadas populares conquistaram, nas últimas décadas, seu lugar nas salas de aula, e o acesso à educação infantil e ao ensino médio vem crescendo; ao contrário, do ponto de vista *qualitativo,* ainda é negado a crianças e jovens o *direito de aprender*, finalidade primordial da escola, imprescindível à conquista da cidadania plena. Assim, se já se pode dizer que temos escola para todos, a escola que temos é antes *contra* o povo que *para* o povo: o **fracasso escolar** dos alunos pertencentes às camadas populares mostra que, se vem ocorrendo uma progressiva democratização do *acesso à escola*, não tem igualmente ocorrido a democratização *da escola*. Nossa escola tem-se mostrado incompetente para a educação das camadas populares, e essa incompetência, gerando o fracasso escolar, tem tido o grave efeito não só de acentuar as desigualdades sociais, mas, sobretudo, de legitimá-las.

Muitos são os fatores responsáveis por essa incompetência, mas parte significativa da responsabilidade deve ser atribuída a problemas de linguagem: o conflito entre a linguagem de uma escola histórica e socialmente criada para atender às **camadas privilegiadas**, cujos padrões linguísticos essa escola usa e quer ver usados, e a linguagem das camadas populares, que ela censura e estigmatiza, é uma das principais causas do fracasso dos alunos pertencentes a camadas populares, na aquisição do saber escolar.

Esse conflito só pode ser compreendido numa perspectiva social: é a Sociologia que, analisando as relações materiais e simbólicas em uma sociedade dividida em **classes sociais**, desvenda os pressupostos do fracasso das camadas populares na escola, que é, na verdade, um fracasso *da* escola; é a **Sociologia da Linguagem** que, interpretando as condições sociais da comunicação, explica as relações de comunicação linguística que atuam na sociedade e, consequentemente, na escola; é a **Sociolinguística** que, revelando a covariação entre os fenômenos linguísticos e os fenômenos sociais, identifica diferenças linguísticas determinadas pela classe social do falante, diferenças que, hoje, geram antagonismos numa escola conquistada, através da democratização do ensino, por classes sociais anteriormente dela ausentes.

No entanto, a prática pedagógica na escola brasileira, em todas as matérias e, particularmente, no ensino da língua materna, tem sido dissociada de suas determinações sociais e sociolinguísticas; ora, ao lado da também indispensável perspectiva psicolinguística, a perspectiva social – resultado da contribuição integrada e articulada da Sociologia, da Sociologia da Linguagem e da Sociolinguística – é indispensável a uma prática de ensino que, fundamentando-se em conhecimentos sobre as relações entre linguagem, sociedade e escola, e revelando os pressupostos sociais e linguísticos dessas relações, seja realmente competente e comprometida com a luta contra as desigualdades sociais.

É essa perspectiva social das relações entre linguagem e escola que este livro pretende desenvolver. A partir da descrição do problema do baixo rendimento da escola brasileira e da crítica às ideologias que inspiram as teorias e propostas pedagógicas com que se tem tentado explicá-lo e combatê-lo, o livro procura articular e integrar teorias originárias da Sociologia, da Sociologia da Linguagem e da Sociolinguística a respeito das relações entre sociedade, escola e linguagem, e tenta apontar a importante contribuição que essa articulação e essa integração podem trazer para a compreensão do caráter político-ideológico do uso e do ensino da língua na escola, e para a fundamentação de uma prática de ensino competente, na educação das camadas populares.

O fracasso da/na escola

UMA ESCOLA PARA O POVO OU CONTRA O POVO?

No Brasil, o discurso em favor da educação popular é antigo: precedeu mesmo a proclamação da República. Já em 1882, Rui Barbosa, baseado em exaustivo diagnóstico da realidade brasileira da época, denunciava a vergonhosa precariedade do ensino para o povo no Brasil e apresentava propostas de multiplicação de escolas e de melhoria qualitativa do ensino.

Desde então, e até hoje, diagnósticos, denúncias e propostas de educação popular têm estado sempre presentes no discurso político no país. E também desde então, esse discurso vem sempre inspirado nos ideais democráticos: o objetivo é a igualdade social, e a democratização do ensino é vista como instrumento essencial para a conquista desse objetivo.

Assim, as expressões "igualdade de oportunidades educacionais" e "educação como direito de todos" tornaram-se, no Brasil, lugares-comuns, num repetido discurso em favor da democratização do ensino, discurso que não foi interrompido nem mesmo durante os regimes autoritários e antidemocráticos dos períodos 1937-1945 (Estado Novo) e 1964-1985 (Ditadura Militar).

Ao longo do tempo, esse discurso pela democratização do ensino ora toma uma direção quantitativa, em defesa da ampliação de ofertas educacionais – aumento do número de escolas para as camadas populares, obrigatoriedade e gratuidade da educação básica –, ora se volta para a melhoria qualitativa do ensino – reformas educacionais, reformulações da organização escolar, introdução de novas metodologias de ensino, aperfeiçoamento de professores.

Na verdade, o discurso oficial pela democratização da escola, seja na direção quantitativa, seja na direção qualitativa, procura responder à demanda popular por educação, por acesso à instrução e ao saber. A escola pública não é, como erroneamente se pretende que seja, uma doação do Estado ao povo; ao contrário, ela é uma progressiva e lenta conquista das camadas populares, em sua luta pela democratização do saber, por meio da democratização da escola.

Nessa luta, porém, o povo ainda não é vencedor, continua vencido: não há escola para todos, e a escola que existe é antes *contra* o povo que *para* o povo.

Em primeiro lugar: embora a educação básica seja obrigatória dos 4 aos 17 anos, abrangendo a pré-escola, o ensino fundamental e o ensino médio, ainda não há escola para todos, como comprovam dados de 2014, apresentados no *Anuário Brasileiro da Educação Básica 2016* (disponível em: http://www.todospelaeducacao.org.br; acesso em: 19 dez. 2016).

Na pré-escola, o atendimento em 2014 atingia 89% das crianças de 4 e 5 anos, com grande desigualdade em função da renda familiar: mais da metade das crianças matriculadas, 51%, pertenciam a 25% das famílias mais ricas e apenas 22% pertenciam a 25% das famílias mais pobres. Se se considera o atendimento a crianças de 0 a 3 anos em creches, etapa ainda não obrigatória, mas de fundamental importância sobretudo para as camadas populares, a matrícula era, em 2014, de apenas 29% das crianças, e também aqui se revela a desigualdade: quase 100% das crianças das 25% famílias mais ricas estavam em creches, enquanto apenas 86% pertenciam a 25% das famílias mais pobres. Reforça a desigualdade a predominância na educação infantil, considerando creche e pré-escola, de atendimento pela rede privada: 75% das matrículas eram, em 2014, em rede privada, apenas 35% em rede pública, da qual dependem fundamentalmente as camadas populares.

Também no ensino médio a taxa de atendimento de jovens de 15 a 17 anos estava ainda longe da universalização em 2014, não mais que 61% de matrículas. Aqui de novo se constata a desigualdade, uma diferença de 35 pontos percentuais entre a taxa de matrícula dos 25% mais pobres (51%) e a dos 25% mais ricos (86%). Dos jovens de 19 anos, portanto já com 2 anos a mais em relação à idade de conclusão do ensino médio (17 anos), pouco mais da metade (57%) tinham concluído essa etapa, ainda segundo dados de 2014.

16 • Linguagem e escola

Apenas no ensino fundamental o acesso à escola já era quase universal em 2014 – 98% de atendimento a crianças e jovens de 6 a 14 anos, predominantemente pela rede pública: 84% de atendimento, nos anos iniciais, e 86% nos anos finais.

Em segundo lugar, e principalmente: se a escola ainda não atende plenamente as camadas populares, com exceção apenas do ensino fundamental, a escola que existe é antes *contra* o povo que *para* o povo.

Assim, segundo o Censo Escolar de 2014, entre os estabelecimentos de educação infantil da rede pública, a que têm acesso as crianças das camadas populares, apenas 14% das creches e 12% das pré-escolas possuíam sala de leitura, apenas 43% das creches e 25% das pré-escolas tinham parque infantil, e tanto creches quanto pré-escolas tinham infraestrutura precária em relação a abastecimento de água, esgoto sanitário, banheiro adequado à educação infantil.

Em relação ao ensino fundamental e médio, tem sido recorrente, ao longo dos anos, e particularmente na rede pública, o fracasso escolar: reprovação e evasão, fluxo irregular, baixo nível de proficiência em alfabetização, em língua portuguesa e em matemática, baixa taxa de conclusão na idade prevista, tanto no ensino fundamental quanto no ensino médio. Além disso, tal como em creches e pré-escolas, também nos estabelecimentos de ensino fundamental e médio da rede pública escolas não dispõem de biblioteca, de laboratórios, de quadra de esportes, de infraestrutura adequada e satisfatória. (Ver estatísticas no verbete **fracasso escolar**, no "Glossário").

Em síntese, os dados apresentados respondem à pergunta que dá título a este tópico: a escola que temos, particularmente a escola pública que temos, tem atendido precariamente as camadas populares: pesquisas têm demonstrado as relações entre origem social e fracasso *na* escola e *da* escola. Ou seja: a escola que seria *para* o povo é, na verdade, *contra* o povo. Como tem sido explicada essa contradição?

UMA PRIMEIRA EXPLICAÇÃO: A IDEOLOGIA DO DOM

"Democracia?" A pergunta é de Mário Quintana. E ele mesmo responde: "É dar, a todos, o mesmo ponto de partida. Quanto ao ponto de chegada, isso depende de cada um".[1]

Que todos tenham seu lugar na escola – e a todos terá sido dado o mesmo ponto de partida. Qual será o ponto de chegada – o sucesso ou o fracasso –, isso dependerá de cada um.

Eis aí definida a ideologia do dom, segundo a qual as causas do sucesso ou do fracasso na escola devem ser buscadas nas características dos indivíduos: a escola oferece "igualdade de oportunidades"; o bom aproveitamento dessas oportunidades dependerá do *dom* – aptidão, inteligência, talento – de cada um.

A *ideologia do dom* oculta-se sob um discurso do senso comum e também de certas vertentes pedagógicas e psicológicas que assumem a existência de desigualdades naturais, de diferenças individuais, de características inerentes a cada ser humano. Assim se legitimam desigualdades e diferenças até mesmo "cientificamente", pela mensuração de aptidões intelectuais (aptidão verbal, numérica, espacial etc.), de prontidão para a aprendizagem, de inteligência ou de quociente intelectual (QI) etc., através de testes, escalas, provas, considerados "objetivos", "neutros", "científicos". Essas desigualdades e diferenças individuais, assim legitimadas, explicariam as diferenças de rendimento escolar.

Dessa forma, não seria a escola a responsável pelo fracasso do aluno; a causa estaria na ausência, neste, de condições básicas para a aprendizagem, condições que só ocorreriam na presença de determinadas características indispensáveis ao bom aproveitamento daquilo que a escola oferece. Esta seria responsável, isto sim, pelo "atendimento às diferenças individuais", ou seja, por tratar desigualmente os desiguais. Passa, assim, a ser "justo" que a escola selecione os "mais capazes" (por exemplo: através de provas de seleção), classifique e hierarquize os alunos (por exemplo: em turmas "fortes" e turmas "fracas"), identifique "bem-dotados" e "superdotados", e a eles dê atenção especial, e oriente para projetos de "apoio" alunos considerados com "dificuldades de aprendizagem".

A função da escola, segundo a ideologia do dom, seria, pois, a de adaptar, ajustar os alunos à sociedade, segundo suas aptidões e características individuais. Nessa ideologia, o fracasso do aluno explica-se por sua incapacidade de adaptar-se, de ajustar-se ao que lhe é oferecido. E de tal forma esse conceito está presente na escola e internalizado nos indivíduos que o aluno quase sempre culpa a si mesmo pelo fracasso, raramente pondo em dúvida o direito da escola de reprová-lo ou tratá-lo de forma diferente, ou a justiça dessa reprovação ou desse tratamento diferencial. Assim, para a ideologia do dom, não é a escola que se volta contra o povo; é este que se volta contra a escola, por incapacidade de responder adequadamente às oportunidades que lhe são oferecidas.

Embora a ideologia do dom esteja até hoje muito presente na educação, a cientificidade de seus pressupostos foi irremediavelmente abalada quando se evidenciou, sobretudo a partir da ampliação do acesso das camadas populares à escola, que as "diferenças naturais" não ocorriam, na verdade, apenas entre indivíduos, mas, sobretudo, entre grupos de indivíduos: entre os grupos social e economicamente privilegiados e os grupos desfavorecidos, entre pobres e ricos, entre as camadas privilegiadas e as camadas populares. Por que o fracasso escolar está maciçamente concentrado nos alunos provenientes das camadas populares, socioeconomicamente desfavorecidas? Serão esses alunos menos aptos, menos inteligentes que os alunos provenientes das camadas privilegiadas, socioeconomicamente favorecidas? A busca de resposta para essas questões levou ao surgimento de uma outra ideologia: a ideologia da deficiência cultural.

UMA SEGUNDA EXPLICAÇÃO: A IDEOLOGIA DA DEFICIÊNCIA CULTURAL

Surpreendentemente, houve quem tentasse defender, no contexto da ideologia do dom, a ideia de que as diferenças sociais teriam sua origem em diferenças de aptidão, de inteligência: a posição dos indivíduos na hierarquia social estaria determinada por suas características pessoais. Ou seja: os mais dotados, os mais aptos, os mais inteligentes constituiriam, exatamente por serem possuidores dessas características, as classes privilegiadas, socioeconomicamente favorecidas, enquanto os destituídos dessas características, isto é, os menos dotados, menos aptos, menos inteligentes, constituiriam as camadas populares, socioeconomicamente desfavorecidas. Nessa perspectiva, seria natural que os alunos provenientes das camadas populares tivessem maior probabilidade de fracasso na escola: pertenceriam a essas camadas exatamente por serem menos dotados, menos aptos, menos inteligentes. Quando bem-dotados e inteligentes, não fracassariam, e teriam fácil acesso às camadas privilegiadas.

É óbvio que tal concepção não resiste à mais elementar análise social, política ou econômica. Nas sociedades capitalistas, a divisão de classes é resultado não das características dos indivíduos, mas de um sistema econômico em que os meios de produção pertencem, em sua maior parte, a grupos privados que pagam a trabalhadores pela produção de bens. Os donos do capital e, por isso, donos também dos meios de produção, constituem as classes que gozam de condições de vida privilegiadas; grande parte dos grupos que vendem sua força de trabalho aos donos do capital é composta pelas classes social e economicamente desfavorecidas, ou seja, pelas camadas populares.

As desigualdades sociais têm, pois, origens econômicas, e nada têm a ver com desigualdades naturais ou desigualdades de dom, aptidão ou inteligência.

Permanece, assim, a questão: Por que o fracasso escolar atinge predominantemente os alunos provenientes das camadas populares? Se a ideologia do dom fosse a explicação, fracassariam também, em igual proporção, alunos provenientes das classes privilegiadas.

Diante de tal impasse, uma segunda explicação tem sido proposta: as desigualdades sociais é que seriam responsáveis pelas diferenças de rendimento dos alunos na escola. Segundo essa concepção, as condições de vida de que gozam as classes privilegiadas e, em consequência, as formas de socialização da criança no contexto dessas condições permitem o desenvolvimento, desde a primeira infância, de características – hábitos, atitudes, conhecimentos, habilidades, interesses – que lhe dão a possibilidade de ter sucesso na escola. Ao contrário, as condições de vida das camadas populares e as formas de socialização da criança no contexto dessas condições não favoreceriam o desenvolvimento dessas características, e assim seriam responsáveis pelas "dificuldades de aprendizagem" dos alunos delas provenientes.

Os que propõem essa explicação para o fracasso escolar das crianças e jovens das camadas populares não consideram a estrutura social responsável pelas desigualdades e discriminações entre grupos socioeconomicamente privilegiados e grupos socioeconomicamente desfavorecidos; esses grupos não são vistos como antagônicos, muito menos como o resultado de relações sociais assimétricas. Ao contrário, os partidários dessa explicação defendem uma "superioridade" do contexto cultural das classes privilegiadas, em confronto com a "pobreza cultural" do contexto em que vivem as camadas populares. Assim, o que propõem como explicação para o fracasso, na escola, dos alunos provenientes das camadas populares é que esses alunos apresentariam desvantagens, ou "déficits", resultantes de "deficiência cultural", "carência cultural" ou "privação cultural"; o meio em que vivem seria pobre não só do ponto de vista econômico – daí a privação alimentar, a subnutrição, que teriam consequências sobre a capacidade de aprendizagem –, mas também do ponto de vista cultural: um meio pobre em estímulos sensórios, perceptivos e sociais, em oportunidades de contato com objetos culturais e experiências variadas, pobre em situações de interação e comunicação. Como consequência, a criança proveniente desse meio apresentaria deficiências afetivas, cognitivas e linguísticas, responsáveis por sua incapacidade de aprender e por seu fracasso escolar. Portanto, as causas desse fracasso estariam no contexto cultural de que o aluno provém, em seu meio social e familiar, que fariam dele um "carente", um "deficiente". Tal como na ideologia do dom, aqui também o "erro", responsável pelo fracasso, estaria no aluno: segundo a ideologia *do dom*, ele seria portador de desvantagens intelectuais (dom, aptidão, inteligência); segundo a ideologia *da deficiência cultural*, ele seria portador de déficits socioculturais. Para esta última ideologia, a análise do fracasso escolar das camadas populares e a busca de soluções para ele ocorrem no quadro de uma verdadeira "patologia social", em que as "doenças" do contexto cultural em que vivem essas camadas devem ser "tratadas" pela escola, cuja função seria "compensar" as deficiências do aluno, resultantes de sua "deficiência", "carência" ou "privação" culturais.

Entretanto, do ponto de vista das ciências sociais e antropológicas, as noções de "deficiência cultural", "carência cultural", "privação cultural" são inaceitáveis: não há culturas superiores e inferiores, mais complexas e menos complexas, ricas e pobres; há culturas *diferentes*, e qualquer comparação que pretenda atribuir valor positivo ou negativo a essas diferenças é cientificamente infundada. Para essa ideologia das diferenças culturais, outra é a explicação para o fracasso, na escola, dos alunos pertencentes às camadas populares.

UMA TERCEIRA EXPLICAÇÃO:
A IDEOLOGIA DAS DIFERENÇAS CULTURAIS

Os termos deficiência, privação, carência remetem ao sentido de falha, falta, ausência; as expressões deficiência cultural, privação cultural, carência cultural significam, pois, basicamente, falta ou ausência de cultura. Por isso são cientificamente indefensáveis: não há grupo social a que possa faltar cultura, já que este termo, em seu sentido antropológico, significa precisamente a maneira pela qual um grupo social se identifica como grupo, através de comportamentos, valores, costumes, tradições, comuns e partilhados. Negar a existência de cultura em determinado grupo é negar a existência do próprio grupo.

Não é, pois, adequado qualificar grupos sociais como "culturalmente deficientes", ou "privados de cultura", ou "carentes de cultura", como faz a ideologia da deficiência cultural. O que se deve reconhecer é que há uma diversidade de "culturas", diferentes umas das outras, mas todas igualmente estruturadas, coerentes, complexas. Qualquer hierarquização de culturas seria cientificamente incorreta.

O conceito de cultura assim entendido não oferece problemas quando usado em relação a grupos sociais homogêneos, com língua e costumes próprios que os diferenciem clara e indiscutivelmente de outros grupos (exemplo: populações primitivas isoladas). Quando se trata, porém, das sociedades modernas, predominantemente industriais e urbanas, o termo *cultura*, no singular, torna-se quase inútil: são sociedades em que convivem vários grupos, cada um deles em diferentes condições materiais de existência e, consequentemente, com estilos próprios de vida, ou seja, cada um com características culturais próprias: pode-se dizer que são *culturas*, no plural. Não são, naturalmente, grupos isolados e independentes; articulam-se uns com os outros em relações de interdependência, convivência em determinados espaços e momentos, participação em atividades comuns; não são, na verdade, propriamente culturas, mas *subculturas*.

É significativo verificar que os conceitos de "deficiência cultural", "privação cultural", "carência cultural" tenham surgido exatamente em países em que essas características de pluralismo cultural se somam à organização capitalista da sociedade. Ora, nessas sociedades, os padrões culturais dos grupos privilegiados, justamente e apenas porque são os padrões desses grupos, passam a constituir a cultura socialmente privilegiada e considerada "superior", a única "legítima". Os padrões culturais das classes desfavorecidas são considerados uma "subcultura" avaliada em comparação com a cultura dominante, isto é, com os padrões idealizados de cultura, que constituem a cultura dos grupos social e economicamente privilegiados. É assim que a diferença se transforma em deficiência, em privação, em carência. Trata-se, na verdade, de uma atitude etnocêntrica, para a qual ser diferente das classes favorecidas é ser inferior.

A escola, quando inserida em sociedades capitalistas, assume e valoriza a cultura das classes favorecidas; assim, o aluno proveniente das camadas populares encontra nela padrões culturais que não são os seus, e que são apresentados como "certos", enquanto os seus próprios padrões são ou ignorados como inexistentes, ou desprezados como "errados". Seu comportamento é avaliado em relação a um "modelo", que é o comportamento das classes favorecidas;

os testes e as provas a que é submetido são culturalmente preconceituosos, construídos a partir de pressupostos etnocêntricos, que supõem familiaridade com conceitos e informações próprios do universo cultural das classes favorecidas. Esse aluno sofre, dessa forma, um processo de marginalização cultural e fracassa, não por deficiências intelectuais ou culturais, como sugerem a ideologia do dom e a ideologia da deficiência cultural, mas porque é diferente, como afirma a ideologia das diferenças culturais. Nesse caso, a responsabilidade pelo fracasso escolar dos alunos provenientes das camadas populares cabe à escola, que trata de forma discriminativa a diversidade cultural, transformando diferenças em deficiências.

O PAPEL DA LINGUAGEM

Na apresentação até aqui feita das diversas explicações para o fracasso escolar, no contexto de diferentes ideologias, evitou-se mencionar o importante papel que a linguagem desempenha nessas explicações e nessas ideologias: este é o objetivo específico dos próximos capítulos. Desde já, porém, é necessário destacar que as relações entre linguagem e cultura constituem a questão fundamental, nuclear, tanto na ideologia da deficiência cultural quanto na ideologia das diferenças culturais; em consequência, desempenham um papel central nas explicações do fracasso escolar, no quadro de cada uma dessas ideologias.

Pode-se dizer que a *ideologia da deficiência cultural* tem sua origem e seu mais importante argumento no conceito de "deficiência linguística"; chegou-se mesmo a sugerir a existência de uma "teoria da deficiência linguística", que explicaria o fracasso escolar das camadas populares.

Por outro lado, a *ideologia das diferenças culturais* tem seu principal suporte em estudos de Sociolinguística sobre a linguagem das camadas populares, que a pesquisa mostra ser diferente da linguagem socialmente prestigiada, mas não inferior nem deficiente; são esses estudos que constituem o principal fundamento da contestação da ideologia da deficiência cultural e linguística.

O papel central atribuído à linguagem numa e noutra ideologia explica-se por sua fundamental importância no contexto cultural: a linguagem é, ao mesmo tempo, o principal produto da cultura, e é o principal instrumento para sua transmissão. Por isso, o confronto ou comparação entre culturas – que é, em essência, o que está presente tanto na ideologia da deficiência cultural quanto na ideologia das diferenças culturais – é, básica e primordialmente, um confronto ou comparação entre os usos da língua numa ou noutra cultura.

Em consequência, nesse quadro de confrontos culturais, a linguagem é também o fator de maior relevância nas explicações do fracasso escolar das camadas populares. É o uso da língua na escola que evidencia mais claramente as diferenças entre grupos sociais e que gera discriminações e fracasso: o uso, pelos alunos provenientes das camadas populares, de variantes linguísticas social e escolarmente estigmatizadas provoca preconceitos linguísticos e leva a dificuldades de aprendizagem, já que a escola usa e quer ver usada a variante socialmente prestigiada.

Este livro, como se disse na Introdução, pretende analisar e criticar as relações entre linguagem e escola, tendo como principal foco de interesse a compreensão do problema do ensino da língua materna aos alunos pertencentes às camadas populares.

O próximo capítulo, "Deficiência linguística?", apresenta e discute o conceito de "deficiência linguística", mostrando sua origem e seus efeitos sobre a educação e a escola. A este se segue o capítulo "Diferença não é deficiência", uma contestação do conceito de deficiência linguística com base em estudos e pesquisas de Sociolinguística que comprovam a existência de **variedades linguísticas**, mas negam a deficiência ou inferioridade de uma variedade em relação a outras. No capítulo que se segue a esses dois, "Na escola, diferença é deficiência", os conceitos de "deficiência linguística" e de "diferenças linguísticas" são apresentados na perspectiva de uma Sociologia da Linguagem, que aponta a estrutura de sociedades capitalistas como responsável pela transformação, na escola, de diferenças em deficiências, por razões político-ideológicas. Finalmente, o último capítulo retoma e critica as funções que à escola têm sido atribuídas, no quadro dos conceitos de "deficiência" e de "diferenças", e procura apontar caminhos para que possam ser encontradas respostas às perguntas: Como podem ser trabalhadas as relações entre linguagem, educação e classe social, numa escola que pretenda estar realmente a serviço das camadas populares? Que papel têm essas relações na definição de metodologias adequadas ao ensino da língua materna?

NOTA

[1] *Caderno H.* Rio de Janeiro: Objetiva, 2013, p. 106.

Deficiência linguística?

A PATOLOGIZAÇÃO DA POBREZA

A ideologia da deficiência, privação ou carência surgiu e desenvolveu-se nos Estados Unidos durante a década de 1960; de lá, expandiu-se, nessa mesma década e, posteriormente, na década seguinte, para países da Europa e da América Latina, entre estes o Brasil.

Razões sociopolíticas explicam o surgimento da ideologia da deficiência cultural nos Estados Unidos e sua aceitação e adoção em outras sociedades capitalistas.

Por volta do início dos anos 1960, a luta contra a desigualdade econômica acentuou-se nos Estados Unidos; nessa época, cerca de dois quintos da população norte-americana – 77 milhões de pessoas – viviam em estado de pobreza crônica. Essa população socioeconomicamente desfavorecida era constituída sobretudo por minorias étnicas – negros, porto-riquenhos, mexicanos –, que sofriam um intenso processo de segregação e de marginalização social e econômica. Discriminadas no mercado de trabalho (daí a alta taxa de desemprego), e vendo suas crianças e jovens discriminados pelo sistema de ensino (fracasso na aprendizagem e abandono da escola), as minorias étnicas começaram a reivindicar a "igualdade de oportunidades", lema da democracia liberal de que o país tanto se orgulhava. A ameaça desses movimentos reivindicatórios à estabilidade social e à ordem econômica levou o governo a adotar medidas de integração social, na tentativa de adaptar as minorias às exigências de uma sociedade capitalista. No entanto, as medidas não se voltaram para o combate à discriminação social e econômica, mas buscaram-se fora dela causas que explicassem a marginalização dos pobres, motor das insatisfações, e tentaram-se soluções que atacassem as causas identificadas.

Na área da educação, buscou-se inicialmente na Psicologia, então já constituída como ciência experimental e diferencial, analisar o problema das dificuldades de aprendizagem e o fracasso na escola das crianças pobres por meio de procedimentos psicométricos, de testes, realização de entrevistas, observação do comportamento no contexto escolar. Como esses estudos partiam sempre de um modelo implícito ideal de comportamento em comparação com o qual a criança pobre era avaliada – o comportamento da classe social e economicamente privilegiada –, os resultados concluíam que a criança era portadora de "carências" e "deficiências": carências afetivas, deficiências perceptivas e motoras, privação cultural, deficiência linguística. Surgiu, assim, uma verdadeira *teoria da deficiência cultural*, que *patologizou* a pobreza, isto é, tornou-a responsável por gerar "carências", "deficiências". Obviamente, essa *teoria da deficiência cultural*, ao assim explicar a desigualdade de que vinha sendo vítima a criança pobre na escola – culpando disso a própria criança, sua família, seu contexto cultural –, dissimula as verdadeiras razões sociopolítico-econômicas da desigualdade.

Países de estrutura capitalista da Europa e da América Latina, em que a estratificação social e econômica levava (e ainda leva), tal como nos Estados Unidos, à marginalização das camadas desfavorecidas, incorporaram a teoria da deficiência cultural, pela qual as "dificuldades de aprendizagem" das crianças integrantes dessas camadas passaram a ser explicadas.

No Brasil, a partir da década de 1970, quando a ideologia da deficiência cultural aqui chegou, coincidindo com o momento em que cresceram as possibilidades de acesso à escola pelas crianças das camadas populares, as "dificuldades de aprendizagem" dessas crianças têm sido atribuídas, no discurso pedagógico, à "pobreza" de seu contexto cultural e às "deficiências" que daí resultariam: carências afetivas, dificuldades cognitivas, deficiência linguística.

Na verdade, a ideologia da deficiência cultural continua presente nas décadas iniciais do século XXI, tanto nos Estados Unidos, onde se originou, quanto no Brasil. Nos Estados Unidos, vem sendo criticado por opositores da ideologia da deficiência cultural um "retorno ao *déficit*",[1] que se confirma no grande sucesso e grande aceitação, por escolas e professores, e mesmo por políticas educacionais, de obras que vêm exercendo grande influência sobre a educação, cujo tema é a reafirmação de uma *cultura da pobreza*, atribuindo às condições econômicas, sociais, culturais das famílias pobres o fracasso de suas crianças.[2] Multiplicam-se os programas de intervenção voltados tanto para as crianças pobres quanto para as famílias a que pertencem essas crianças, como se verá no último tópico deste capítulo.

Também no Brasil, numerosas pesquisas recentes, relatadas em teses, dissertações e artigos de periódicos das áreas da Educação e da Psicologia, vêm revelando que a ideologia da deficiência cultural continua presente na escola pública brasileira no século XXI: as pesquisas revelam que nas práticas das escolas públicas e de seus professores ainda são usadas correntemente expressões como "carência afetiva", "vocabulário pobre", "erros de linguagem", "baixo nível intelectual", "comportamento social inadequado", "atraso cognitivo", entre outras, para caracterizar alunos das camadas populares que apresentam "dificuldades de aprendizagem", e reiteradamente essas características são atribuídas à "desqualificação" das famílias pobres para educar – o tema das relações família pobre-escola pública é frequente na produção acadêmica. É também revelador que livros publicados em meados dos anos 1980, contestando a então vigente ideologia da deficiência cultural na escola, vêm tendo reedições desde então e ainda são leituras pertinentes à realidade atual (ver "Bibliografia comentada").

Entre tantas "deficiências" atribuídas às crianças das camadas populares, avulta a "deficiência linguística", apontada como aspecto crucial da deficiência cultural.

A HIPÓTESE DA DEFICIÊNCIA LINGUÍSTICA

A teoria da deficiência cultural afirma que as crianças das camadas populares chegam à escola com uma linguagem deficiente, que as impede de obter sucesso nas atividades de aprendizagem: seu vocabulário é pobre; usam frases incompletas, curtas, monossilábicas; sua sintaxe é confusa e inadequada à expressão do pensamento lógico; cometem "erros" de concordância, de regência, de pronúncia; comunicam-se muito mais através de recursos não verbais do que através de recursos verbais. Em síntese: são crianças "deficitárias" linguisticamente.

Pretende-se que essa deficiência linguística esteja estreitamente relacionada com a capacidade intelectual da criança; o pressuposto é que às habilidades linguísticas correspondem habilidades cognitivas. Apesar de as relações entre linguagem e pensamento constituírem, ainda, questão não inteiramente resolvida, os partidários da deficiência linguística apontam o desenvolvimento do pensamento e do raciocínio como *decorrente* do desenvolvimento da linguagem. A partir desse pressuposto, concluem que as deficiências linguísticas da criança desfavorecida são também cognitivas, porque a "pobreza" de sua linguagem, inadequada como veículo do pensamento lógico e formal, é obstáculo ao seu desenvolvimento cognitivo. Suas dificuldades de aprendizagem devem-se, assim, concomitantemente, a deficiências linguísticas e a deficiências cognitivas que daquelas decorrem.

Segundo a lógica da teoria da deficiência cultural, a deficiência linguística é atribuída à "pobreza" do contexto linguístico em que vive a criança, particularmente no ambiente familiar. Argumenta-se que o desenvolvimento da linguagem da criança depende, fundamentalmente, da quantidade e qualidade das situações de interação verbal entre ela e os adultos, particularmente entre ela e a mãe. Nas camadas populares, alegam os partidários da teoria da deficiência cultural, a interação verbal criança-mãe é empobrecedora: a criança não é incentivada a expressar-se verbalmente; os estímulos verbais são precários e desorganizados; a mãe não conversa com a criança nem lê para ela; o estilo de comunicação não propicia a reflexão e a abstração; a linguagem da mãe (assim como a dos demais adultos com que a criança tem contato em seu contexto) é deficiente, constituindo-se, por isso, em um modelo inadequado. Criou-se, assim, o que alguns autores denominam a "hipótese da mãe inadequada"; a consequência, como se verá adiante neste capítulo, foi o surgimento de programas educacionais, para as crianças das camadas populares, que buscam interferir o mais cedo possível nas relações família-criança, a fim de "compensar" as "falhas" de sua socialização no contexto familiar.

Já a criança das classes favorecidas, afirmam os partidários da teoria da deficiência cultural e da deficiência linguística, vive num ambiente rico em estimulações verbais: é incentivada a perguntar e a responder, é ouvida com atenção, os adultos leem para ela e as situações de interação verbal são numerosas e estimuladoras da reflexão, da abstração, do pensamento lógico. Como consequência, a criança desenvolve-se linguística e cognitivamente, e não enfrenta dificuldades de aprendizagem quando ingressa na escola.

Em síntese: para a teoria da carência cultural, crianças das camadas populares, ao contrário das crianças das classes favorecidas, apresentam uma "deficiência linguística", resultado da "privação linguística" de que são vítimas no contexto cultural em que vivem (comunidade social e família); a essa "deficiência linguística", de que decorre uma "deficiência cognitiva", é atribuída grande parte da responsabilidade pelas dificuldades de aprendizagem dessa criança na escola.

A INVOLUNTÁRIA COLABORAÇÃO DE BERNSTEIN

Basil Bernstein (1924-2000), sociólogo inglês, um dos mais influentes na Sociologia do século XX, tem sido considerado um dos principais responsáveis pela teoria da deficiência linguística. Na verdade, os trabalhos que publicou durante a década de 1960 (mais precisamente, de 1958 a 1973) serviram de fundamento aos partidários da hipótese da "deficiência linguística" e de suporte ao planejamento de programas educacionais destinados a "compensar" a suposta "privação linguística" das crianças das camadas populares.

Entretanto, é preciso cautela ao atribuir a Bernstein responsabilidade pela teoria da deficiência linguística, por pelo menos duas razões.

Em primeiro lugar, o pensamento de Bernstein altera-se profundamente ao longo de sua produção intelectual, particularmente a partir da década de 1970; seus trabalhos dessa década e das décadas seguintes evoluíram para concepções bastante diferentes de suas primeiras formulações a respeito das relações entre língua, classe social e educação, de modo que apenas seus primeiros trabalhos podem ser considerados como relacionados com o conceito de "deficiência linguística". Esses primeiros trabalhos referem-se à sua produção no período de 1958 – ano em que publicou seu primeiro artigo – a 1973 – ano em que publicou o último trabalho em que suas concepções iniciais sobre as relações entre linguagem, classe social e educação ainda estão, de certa forma, presentes. A partir de 1973, Bernstein aprofundou, em nível de complexidade e de abstração, sua teoria, que se reorientou para uma sociologia do conhecimento transmitido através da educação formal, para o estudo das relações entre educação e o modo de produção em sociedades capitalistas e para a análise dos processos de reprodução cultural, através, sobretudo, da educação. Será, pois, injusto afirmar que ele foi um partidário da hipótese da "deficiência linguística", a não ser que essa afirmação seja "datada": o Bernstein dos anos 1960.

A segunda razão pela qual é preciso cautela ao atribuir a Bernstein responsabilidade na formulação da teoria da deficiência linguística é que até mesmo os seus trabalhos do período indicado (1958-1973) têm sido mal interpretados e incorretamente compreendidos; seu pensamento é frequentemente utilizado de forma tão simplificada que é muitas vezes falseado ou distorcido. O próprio Bernstein protestou várias vezes contra essa distorção e esse falseamento de suas ideias; na mesma época em que seus trabalhos eram considerados como uma formulação da teoria da deficiência linguística, Bernstein negou mais de uma vez que eles o fossem. Essa distorção e falseamento das suas ideias deve-se, em grande parte, ao fato de que, ao longo de suas publicações, os conceitos básicos da sua teoria foram sendo modificados e complementados; foi um pensamento em permanente evolução, de tal maneira que até mesmo cada republicação de um artigo representou, frequentemente, uma nova versão da teoria, diferente da anterior. Por essa razão é que, como já foi dito anteriormente, qualquer afirmação a respeito do pensamento de Bernstein será discutível, se não for datada e contextualizada.

A teoria do Bernstein dos anos 1960, responsável por sua inclusão entre os partidários da teoria da deficiência linguística, afirma a existência de diferentes modalidades de linguagem, determinadas pela origem social, e propõe uma relação causal entre a classe social a que pertence a criança e sua linguagem e rendimento escolar.

Segundo essa teoria, o uso da linguagem é função do sistema de relações sociais: a forma de relação social atua seletivamente sobre o *que, quando* e *como* é falado, regulando as opções do falante nos níveis léxico, sintático e semântico. A consequência é que diferentes formas de relações sociais geram diferentes "códigos" linguísticos, que, assim, criam para o falante diferentes ordens de relevância e de organização da realidade. Ou seja: é a estrutura social que determina o comportamento linguístico.

A tese de Bernstein assemelha-se às ideias de Sapir e de Whorf a respeito das relações entre língua e cultura (conhecidas como a "hipótese Sapir-Whorf"). Para Sapir, a língua determina as percepções e o pensamento:

> Os seres humanos estão quase inteiramente à mercê da língua particular que é o meio de expressão de sua comunidade: o "mundo real" é, em grande parte, construído pelos hábitos de linguagem do grupo. Vemos, ouvimos e vivemos nossas experiências tal como o fazemos porque os hábitos de linguagem de nossa comunidade predispõem-nos a certas opções de interpretação.[3]

38 • Linguagem e escola

Whorf, discípulo de Sapir, afirma também que a língua determina a visão de mundo dos que a falam:

> O sistema linguístico básico de cada língua não é meramente um instrumento de reprodução de ideias, mas é, sobretudo, um formador de ideias, o programa e guia para a atividade mental do indivíduo [...]. Dissecamos a natureza segundo as diretrizes fixadas por nossas línguas nativas. As categorias e os tipos que isolamos do mundo dos fenômenos não os encontramos ali porque saltam à vista de qualquer observador [...]. Dividimos a natureza em pedaços, organizamo-la em conceitos e lhe atribuímos significação tal como o fazemos primordialmente porque somos parte de um acordo para organizá-la dessa maneira, sendo este um acordo válido para toda nossa comunidade linguística e que está codificado na estrutura de nossa língua.[4]

Bernstein vai buscar em Sapir e Whorf fundamentos para sua tese: também nesta a língua é considerada reflexo da cultura e determinante de formas de pensamento. Bernstein argumenta, porém, que não se pode relacionar, como fazem Sapir e Whorf, língua, cultura e pensamento, sem incluir nessas relações a mediação da estrutura social. É essa mediação que ele acrescenta à sua tese, segundo a qual é a estrutura social que gera diferentes "códigos linguísticos"; esses códigos transmitem a cultura, e assim determinam comportamentos e modos de ver e de pensar. Ao contrário da hipótese Sapir-Whorf, que é linear (a língua determina a experiência e o pensamento), a tese de Bernstein é circular: o código linguístico não apenas reflete a estrutura de relações sociais, mas também a regula.

Outra diferença importante entre a hipótese Sapir-Whorf e a teoria de Bernstein é que aquela se refere a línguas de diferentes sociedades, diferentes povos, enquanto esta identifica diferenças linguísticas entre subgrupos de uma mesma sociedade.

Segundo Bernstein, numa sociedade dividida em classes, pode-se identificar a existência de duas variedades linguísticas, dois "códigos", determinados pela forma de relação social: o "código elaborado" e o "código restrito". Esses diferentes códigos resultariam da diferença entre os processos de socialização que ocorrem nas várias classes sociais.

Em seus trabalhos, ele se refere a apenas duas classes sociais: a **classe média** e a classe trabalhadora; o processo de socialização das crianças da classe média levaria à aquisição dos dois códigos, o elaborado e o restrito, enquanto o processo de socialização das crianças da classe trabalhadora daria acesso apenas ao código restrito.

Nesses processos de socialização, Bernstein enfatiza a influência crucial que tem o tipo de organização familiar a que a criança pertence. Segundo ele, há dois tipos básicos de família: as famílias centradas *na posição* e as famílias centradas *na pessoa*. Nas primeiras, a diferenciação entre os membros baseia-se em definições claras e precisas do *status* de cada um, determinado em função da idade, do sexo, das relações de uns com outros (pai, mãe, avô, filho, neto etc.); nesse tipo de família, a comunicação se realiza predominantemente através do código restrito. Nas famílias centradas na pessoa, a diferenciação entre os membros baseia-se nas características pessoais de cada um: os atributos de cada pessoa é que determinam seu *status* no grupo familiar;

nessas famílias, a comunicação se realiza predominantemente através do código elaborado.

Embora ambos os tipos de família sejam encontrados tanto na classe média quanto na classe trabalhadora, Bernstein afirma que famílias centradas na posição são as típicas das classes trabalhadoras, o que significa que a socialização das crianças dessas classes leva à aquisição do código restrito.

Em seus primeiros trabalhos, Bernstein caracteriza os dois códigos a partir de aspectos léxicos e morfossintáticos: o código elaborado se caracterizaria por uma estrutura gramatical complexa e precisa, pelo uso frequente de orações subordinadas adverbiais, de preposições, de verbos na voz passiva, de adjetivos e advérbios; ao contrário, o código restrito se caracterizaria por estruturas gramaticalmente simples e muitas vezes incompletas, uso frequente de ordens e perguntas e de afirmações categóricas, repetição de pronomes pessoais e de conjunções, uso limitado e rígido de adjetivos e advérbios, pouca frequência de orações subordinadas adverbiais e de verbos na voz passiva, frequente substituição da expressão verbal por recursos não verbais. O código elaborado permitiria ao falante uma seleção de formas de expressão linguística dentre numerosas alternativas, de modo que seria reduzida a possibilidade de previsão da organização léxica e sintática da fala; no caso do código restrito, essas alternativas seriam muito limitadas, e a possibilidade de prever a organização léxica e sintática da fala seria grande.

Mais tarde, na caracterização dos dois códigos, Bernstein enfatiza menos os aspectos léxicos e morfossintáticos e volta-se, sobretudo, para os aspectos semânticos. Estes são considerados determinantes daqueles: a forma de relação social atua seletivamente sobre os significados a serem transmitidos, e estes, por sua vez, determinam escolhas gramaticais e léxicas específicas.

Assim, certas formas de socialização orientariam a criança para um código em que os significados são linguisticamente explicitados e independentes do contexto e, por isso, acessíveis a qualquer pessoa; são, na terminologia de Bernstein, *significados universalistas*, que determinam as opções gramaticais e léxicas, resultando em um "código elaborado".

Outras formas de socialização orientariam a criança para um código em que os significados ficam, em grande parte, linguisticamente implícitos, e são estreitamente vinculados ao contexto, de modo que só podem ser bem compreendidos por aqueles que participam do mesmo contexto – são *significados particularistas*, determinam opções gramaticais e léxicas que resultam em um "código restrito".

Na classe média e no tipo de família que a caracteriza – a família centrada na pessoa –, predominam formas de socialização que orientam para significados universalistas e que, portanto, levam à aquisição do código elaborado. Ao contrário, na classe trabalhadora e no tipo de família que a caracteriza – a família centrada na posição –, predominam formas de socialização que orientam para significados particularistas e que, portanto, levam à aquisição do código restrito.

Um dos exemplos que Bernstein apresenta para evidenciar esses diferentes processos de socialização é a comparação entre dois possíveis diálogos mãe-filho, em um ônibus.

Primeiro diálogo:

> Mãe: *Segure firme, querido.*
> Criança: *Por quê?*
> Mãe: *Se você não segurar, vai ser jogado para a frente e vai cair.*
> Criança: *Por quê?*
> Mãe: *Porque se o ônibus parar de repente, você vai ser jogado no banco da frente.*
> Criança: *Por quê?*
> Mãe: *Agora, querido, segure firme e não crie caso.*

Segundo diálogo:

> Mãe: *Segure firme.*
> Criança: *Por quê?*
> Mãe: *Segure firme.*
> Criança: *Por quê?*
> Mãe: *Você vai cair.*
> Criança: *Por quê?*
> Mãe: *Eu mandei você segurar firme, não mandei?*[5]

No primeiro diálogo, a mãe explicita a regra, suas razões e consequências; a criança tem, assim, acesso, através da linguagem, às relações existentes entre o fato e princípios gerais, entre o fato e suas causas e consequências. Ou seja: a criança é conduzida à universalização do fato.

No segundo diálogo, a mãe é lacônica no uso da linguagem, considera apenas o fato, sem relacioná-lo com princípios gerais, sem explicitar verbalmente suas causas e consequências, que ficam implícitas. Compare-se a resposta da mãe ao "Por quê?" da criança, em um e outro diálogo: no segundo, a mãe apenas afirma "Você vai cair", enquanto no primeiro a mãe responde com a justificação da ordem dada, através da explicitação de suas causas e consequências: "Se você não segurar, vai ser jogado para a frente e vai cair".

Segundo Bernstein, o primeiro diálogo caracteriza o tipo de interação que habitualmente ocorre entre mãe e filho na classe média: mães da classe média usam com muito mais frequência a linguagem na socialização dos filhos e explicitam, por meio dela, princípios gerais que levam a criança a transcender o contexto, orientando-a, assim, para significações universalistas. Ao contrário, mães da classe trabalhadora usam pouco e laconicamente a linguagem na socialização dos filhos, deixando implícitos os significados que poderiam levá-los a ultrapassar os limites do contexto específico; a criança é, assim, orientada para significações particularistas, estreitamente ligadas ao contexto.

Bernstein cita várias vezes, em seus trabalhos da década de 1960, a pesquisa feita por um de seus colaboradores, Peter Hawkins, que evidencia as diferenças gramaticais e léxicas entre a linguagem universalista (código elaborado) e a linguagem particularista (código restrito) de crianças de 5 anos, pertencentes umas à classe média, outras à classe trabalhadora. Foi apresentada a cada criança uma história em quadrinhos muda, composta de quatro cenas: o primeiro quadrinho mostrava meninos jogando futebol; no segundo, via-se a bola atingindo a janela de uma casa; no terceiro, um homem, com gestos ameaçadores; e finalmente, no quarto quadrinho, via-se uma mulher olhando pela janela, enquanto os meninos fugiam, correndo. A criança deveria contar oralmente a história ao pesquisador.

O texto típico construído por crianças de classe média foi o seguinte:

> *Três meninos estão jogando bola e um menino chuta a bola e ela atravessa a janela a bola quebra o vidro e os meninos olham para ela e sai um homem e grita com eles porque eles quebraram o vidro então eles fogem e depois essa senhora olha pela janela e ela diz aos meninos para irem embora.*
>
> (Número de substantivos: 13. Número de pronomes pessoais: 6.)

Compare-se esse texto com o seguinte, típico de crianças de classe trabalhadora:

> *Eles estão jogando bola e ele chuta ela e ela atravessa ela quebra o vidro e eles olham para ela e ele sai e grita com eles porque eles quebraram ela então eles fogem e depois ela olha para fora e ela diz para eles irem embora.*
>
> (Número de substantivos: 2. Número de pronomes pessoais: 15.)

Eis como Bernstein analisa as duas histórias:

> Na primeira história, o leitor não precisa ter as quatro figuras que foram utilizadas como base, enquanto que no caso da segunda precisa das primeiras figuras para que a história faça sentido. A primeira história independe de seu contexto de origem, enquanto a segunda é estreitamente ligada ao contexto. Consequentemente, as significações da segunda história são implícitas, as da primeira são explícitas. [...] Podemos dizer

que o discurso da primeira criança produziu significações universalistas, no sentido de que as significações estão liberadas do contexto e, por isso, podem ser compreendidas por todos, ao passo que o discurso da segunda produziu significações particularistas, no sentido de que as significações estão estreitamente ligadas ao contexto, e só seriam plenamente compreendidas por outros se estes tivessem acesso ao contexto que originou o discurso.[6]

A primeira criança utilizou o código elaborado, que, do ponto de vista gramatical, se caracteriza, no exemplo, pelo uso de substantivos em situações em que, no código restrito utilizado pela segunda criança, aparecem pronomes que substituem a referência aos personagens, que ficam implícitos na narrativa.

Bernstein adverte que não se pode afirmar que a criança da classe trabalhadora não seria capaz de produzir uma linguagem semelhante à da criança da classe média; a diferença, na verdade, está na maneira como cada uma relacionou linguagem e contexto. A criança da classe média compreendeu que o contexto lhe pedia a explicitação, por meio da linguagem, das significações, enquanto a criança da classe trabalhadora não interpretou da mesma forma o contexto, julgando possível manter implícitas as significações.

Para Bernstein, pois, o uso dos códigos elaborado ou restrito significa o acesso a formas de pensamento qualitativamente diferentes; significa, sobretudo, a posse, ou não, da capacidade de adequar a linguagem ao contexto. O processo de socialização típico da classe média dá à criança a capacidade de usar os dois códigos, de acordo com a exigência do contexto: ela é capaz de expressar significados universalistas ou particularistas e de usar código elaborado ou restrito; já o processo de socialização típico da classe trabalhadora orienta a criança para significados particularistas, para o uso do código restrito.

Essas diferenças, segundo Bernstein, são particularmente importantes para a área da educação, uma vez que a escola se preocupa com a transmissão de significados universalistas, usa e quer ver usado o que Bernstein chama de "código elaborado"; pressupõe, portanto, nos alunos, a vivência das formas de socialização que conduzem a esse código e às formas de pensamento a que ele dá acesso. Isso explica, na perspectiva de Bernstein, o fracasso escolar das crianças da classe trabalhadora: ele seria culturalmente produzido por meio do processo linguístico que essas crianças teriam vivenciado em sua socialização. Para a criança que dispõe do código elaborado, a experiência escolar representa apenas um *desenvolvimento* simbólico e social; para a criança "limitada" a um código restrito, a experiência escolar significa uma tentativa de *transformação* simbólica e social.

Bernstein afirma, repetidas vezes (sobretudo em seus trabalhos dos primeiros anos da década de 1970), que "um código não é melhor que o outro", que o código restrito não deve ser considerado "inferior", que, na verdade, ele tem uma estética própria: é rico no uso de metáforas, possui simplicidade, vitalidade e ritmo. Para Bernstein, as dificuldades de aprendizagem da criança da classe trabalhadora se devem não à "deficiência" de sua linguagem, mas ao confronto entre códigos no contexto da instituição escolar. Entretanto, sua teoria, tal como formulada nos anos 1960, representou forte argumento para os partidários da hipótese da "deficiência linguística", sobretudo por causa da conotação pejorativa que tem a denominação "restrito", em oposição a "elaborado", e ainda por causa do uso que Bernstein fez de termos como "pobre", "limitado", "rígido", para descrever o código restrito, bem como à sua sugestão de que este código não permitiria o uso de formas de pensamento "universalistas", mais complexas e abstratas.

Foi assim que, involuntariamente, Bernstein ofereceu aos partidários da teoria da deficiência linguística suporte para os programas educacionais conhecidos como programas de "educação compensatória".

EDUCAÇÃO COMPENSATÓRIA: A LÓGICA E O FRACASSO DAS SOLUÇÕES

A discriminação das crianças das camadas populares na escola – evidenciada no fracasso escolar dessas crianças (ver dados no verbete **fracasso escolar**, do "Glossário") – aparece, nas sociedades capitalistas, como uma ameaça ao ideário democrático que as fundamenta. O princípio básico desse ideário – a "igualdade de oportunidades" – vê-se negado quando a escola não serve igualmente a todas as crianças: crianças das classes favorecidas obtêm sucesso, enquanto crianças das camadas populares enfrentam dificuldades de aprendizagem, fracassam, abandonam o sistema de ensino sem mesmo vencer a etapa de escolarização obrigatória.

A *ideologia da deficiência cultural* veio apresentar uma confortável resposta a essa ameaça ao ideário democrático: ocultando a verdadeira causa da discriminação – a desigual distribuição de bens materiais e simbólicos em uma sociedade dividida em classes – e isentando fatores intraescolares de responsabilidades, atribui a deficiências culturais e linguísticas da criança das camadas populares o seu fracasso na escola. As falhas são, assim, da criança, de sua família, de seu contexto cultural; a inadequação está na criança, não na sociedade nem na escola.

Não se poderia, porém, deixar de preservar o princípio democrático da "igualdade de oportunidades", e a solução encontrada obedeceu à lógica da ideologia da deficiência cultural: oferecer às crianças das camadas populares uma "educação compensatória", isto é, programas especiais que compensassem suas deficiências, geradas pela "privação cultural" de seu meio familiar e social, fornecendo-lhes aquilo que as outras crianças já trazem, naturalmente, para a escola, como resultado de suas condições materiais e culturais de vida. A lógica é, pois, a seguinte: se a causa do fracasso da criança está em suas deficiências e carências culturais e linguísticas, será necessário, para que ela não fracasse, *compensar* essas deficiências e carências; cabe à escola incumbir-se dessa *compensação*, oferecendo programas especiais de *educação compensatória*. A falácia desse raciocínio está, como se verá no capítulo seguinte, em seu pressuposto, isto é, na causa a que atribui o fracasso escolar da criança das camadas populares; a falsidade do pressuposto invalida toda a lógica do raciocínio. Por outro lado, parece estranha uma lógica que, ao partir do pressuposto de que a causa do fracasso está nas características do contexto social da criança, conclua não pela transformação desse contexto, mas pela "compensação" dos seus efeitos sobre ela.

No entanto, a partir dessa lógica é que programas de educação compensatória foram organizados em larga escala nos Estados Unidos, na década de 1960; ao Brasil, esses programas chegaram em meados da década de 1970 e, mais intensamente, no início dos anos 1980. E vêm persistindo ao longo do tempo, ainda presentes, sob outras designações, nas primeiras décadas do século XXI.

Os programas de educação compensatória foram, inicialmente, preventivos, o que é coerente com a lógica em que se fundamentam: se a criança fracassa por causa de deficiências linguísticas e cognitivas que decorrem de seu contexto socioeconômico e cultural "pobre", deficiências adquiridas, pois, antes de sua entrada na escola em consequência da natureza do processo de socialização que "sofre" em seu meio familiar e social, é preciso reduzir ou eliminar essas deficiências, antes que a escolarização regular tenha início. Por isso, os programas de educação compensatória foram, nos anos 1970 e 1980, sobretudo dirigidos à educação pré-escolar: através deles se pretendia uma intervenção precoce na educação da criança, com o objetivo de prepará-la para a escola, prevenindo, assim, futuros problemas de aprendizagem e de adaptação.

Essa "preparação para a escola" propunha, sobretudo, submeter a criança a atividades de "socialização": partindo do pressuposto de que a socialização que ela vivenciava em seu contexto familiar e cultural era "pobre", "deficiente", pretendia substituí-la (ou compensá-la) pelo processo de socialização considerado "rico" e "adequado", que não é outro senão aquele que as crianças das classes favorecidas têm a oportunidade de vivenciar em seu próprio contexto familiar e cultural. Assim, os programas de pré-escola preocupavam-se em propiciar à criança estimulação cognitiva e linguística, de modo que ela desenvolvesse o raciocínio, adquirisse capacidade de atenção e de concentração, ampliasse seu repertório vocabular, enriquecesse sua sintaxe, tudo isso a partir das "carências" que a ideologia da deficiência cultural lhe atribuía, entre as quais foi sempre apontada como especialmente importante a "deficiência linguística". Foi também proposta de programas compensatórios de pré-escola despertar atitudes favoráveis em relação à escola e à aprendizagem, sob o falso pressuposto de que as camadas populares menosprezam escola e aprendizagem formal; e ainda criar "bons" hábitos e comportamentos sociais "adequados", considerando-se sempre que "bons" hábitos e comportamentos "adequados" são aqueles próprios das classes econômica, social e culturalmente privilegiadas.

Nos Estados Unidos, a partir de meados da década de 1960, surgiram vários programas pré-escolares. Ficou conhecida internacionalmente a Operação *Head Start*, que parece ter sido o primeiro programa de educação compensatória, desenvolvido em todo o país, com um considerável investimento de recursos públicos, inicialmente atuando junto a crianças até 5 anos e suas famílias. Naquele momento, o investimento em educação pré-escolar apresentou-se como arma na "guerra contra a pobreza" iniciada pelo presidente Kennedy, nos primeiros anos da década de 1960, e intensificada pelo presidente Johnson, na segunda metade da década, em resposta aos conflitos provocados pela situação de discriminação social em que viviam as minorias raciais. A Operação *Head Start* tornou-se permanente, ampliando sua atuação para outras modalidades de educação, formal e informal, ao mesmo tempo que outros programas foram sendo implantados. Exemplos de programas desenvolvidos nas últimas décadas são o *No Child Left Behind* ("Nenhuma Criança Deixada para Trás"), criado em 2001 pelo presidente George Bush, substituído em 2009 pelo programa *Race to the Top* ("Corrida para o Topo"), criado na administração do presidente Barack Obama, ambos visando ao avanço da educação básica no país, mas sempre incluindo parte significativa de atuação de natureza compensatória em escolas e alunos com resultados insatisfatórios de aprendizagem.

No Brasil, data de fins da década de 1970 a preocupação com a oferta de pré-escola às camadas populares. Até àquela época, a pré-escola era privilégio das classes favorecidas. Porém, tal como ocorrera nos Estados Unidos, o agravamento no país da pobreza e da discriminação social e suas repercussões educacionais reforçaram a ideologia da deficiência cultural e levaram à busca de soluções em programas de pré-escola, nitidamente caracterizados como programas de educação compensatória, uma preparação para o ensino fundamental por meio de atividades que levassem as crianças, particularmente as crianças das camadas populares, a ter "prontidão" para ingressar no ensino regular. A educação infantil só foi reconhecida como um "direito à educação" pela Constituição de 1988, tendo sido posteriormente, pela Lei de Diretrizes e Bases da Educação, integrada à educação básica, de que passou a ser a primeira etapa.

Ao se institucionalizar como um direito à educação e como primeira etapa da educação básica, a educação infantil no Brasil desobrigou-se de seu caráter "compensatório" e "preparatório"; ao contrário, no ensino fundamental, projetos, programas, estratégias voltados para remediar as "dificuldades de aprendizagem" e o fracasso escolar de crianças e jovens, em geral caracterizados como portadores de deficiência cultural e linguística, tornaram-se muito presentes, particularmente nas redes públicas, que atendem às camadas populares. Exemplos de medidas de natureza compensatória voltadas para alunos já inseridos no sistema de escolaridade formal são a separação que deles se faz, sobretudo nas primeiras séries, em turmas "fortes", "fracas", "especiais", pretendendo-se, com isso, criar condições para "compensar" as deficiências dos alunos considerados "fracos" ou "especiais" – em geral, aqueles que provêm das camadas sociais mais desfavorecidas; escolas de tempo integral, ampliando a jornada diária particularmente dos alunos com "dificuldades de aprendizagem"; classes de aceleração, projetos de recuperação, de reforço, encaminhamento a profissionais de outras áreas – médico, psicólogo, criando-se a figura de "aluno com laudo"...

No entanto, o que se tem constatado é que resultados positivos de alternativas "compensatórias" são ou inexistentes ou efêmeros, isto é, crianças e jovens a elas submetidas, ao contrário do esperado, não evidenciam, em geral, melhor desempenho escolar ou, quando isso ocorre, esse melhor desempenho é limitado, em nível abaixo do esperado, frequentemente de pouca duração.

Várias são as possíveis explicações para esse fracasso de alternativas compensatórias. São explicações que podem ser categorizadas em três grupos.

Em primeiro lugar, há aquelas que se voltam para características intrínsecas às próprias estratégias compensatórias;

seus pressupostos – a ideologia da deficiência cultural – não são postos em discussão. Em alguns casos, ao contrário, é a esses próprios pressupostos que são atribuídas as causas do insucesso das estratégias. Assim, o insucesso costuma ser explicado pelo fato de a intervenção educacional ocorrer tardiamente, na escola, quando a "privação cultural" já exerceu efeitos tão profundos que se torna muito difícil ou impossível compensar as "deficiências" e "carências". Nos Estados Unidos, chegou-se até a afirmar, com base em pesquisas sobre a inteligência e o rendimento escolar de brancos e negros, que, se não era possível corrigir as "deficiências" das crianças negras por meio dos programas de educação compensatória, isso acontecia porque as causas dessas "deficiências" eram resultado não só da "privação cultural", mas, mais que isso, também de diferenças genéticas. Um dos proponentes dessa explicação foi Arthur Jensen, que, nos últimos anos da década de 1960, suscitou, nos Estados Unidos, acirrado debate em torno do racismo de sua "hipótese genética" e da tendenciosidade da pesquisa com que tentou comprová-la.

Entre as explicações que se voltam para características dos próprios programas e estratégias que buscam "compensar" dificuldades de aprendizagem, sem questionar a ideologia em que eles se fundamentam, incluem-se aquelas que atribuem o insucesso à postura dos professores. Segundo essas explicações, o que ocorre é que o caráter de "compensação" dos programas e o seu pressuposto de "carência cultural" criam, nos professores, expectativas negativas em relação aos alunos considerados "deficientes"; o resultado é o fenômeno que Rosenthal e Jacobson chamaram de a "profecia que se autocumpre". Esses dois autores realizaram pesquisas (cujos resultados foram publicados em livro intitulado *Pigmalião na sala de aula*)[7] demonstrando que a expectativa que uma pessoa tem sobre o comportamento de outra acaba por se converter em realidade, porque a "profecia" que se esconde sob a expectativa exerce influência – não intencional e sutil – sobre o comportamento tanto de quem "profetiza" quanto de quem é objeto da "profecia". Assim, a "profecia" de que os alunos são candidatos ao fracasso cria, nos professores, uma expectativa negativa, que é transmitida de forma inconsciente e não intencional. Exercendo influência sobre a autoimagem dos alunos – que então se desvalorizam e, por isso, não se empenham na aprendizagem – e sobre o comportamento do professor – que, por exemplo, aligeira e reduz os conteúdos, por causa das "deficiências" dos alunos –, essa profecia acaba por cumprir-se; a subescolarização acentua as discriminações, e, ao contrário do esperado, as medidas compensatórias antes confirmam o fracasso que promovem a "compensação" das "deficiências".

Um segundo grupo de explicações para o insucesso dos programas e estratégias de natureza compensatória inclui aquelas que atribuem esse insucesso aos próprios pressupostos em que se fundamentam – isto é, à ideologia da deficiência cultural –, mas não chegam a questionar a estrutura social responsável pelas discriminações sociais, que, na verdade, é a fonte geradora dessa ideologia. Segundo essa perspectiva, o insucesso da educação compensatória deve ser atribuído ao fato de ela ser planejada com base em falhas atribuídas à criança, quando, na verdade, as falhas estariam não nela, mas na própria escola, que repudia os estilos cognitivos e linguísticos das crianças das camadas populares, porque os julga, erroneamente, em função de uma norma, que é o comportamento das classes socioeconomicamente privilegiadas. Assim, o fracasso escolar não deve ser combatido tomando-se como "inimigas" supostas "deficiências" das crianças, de sua família ou de seu contexto cultural, como faz a educação compensatória; o "inimigo" é a escola, que deveria transformar-se, aceitando as características culturais e linguísticas das crianças das camadas populares para, a partir daí, levá-las à aquisição dos valores, comportamentos e linguagem das classes favorecidas, sem, entretanto, pretender que elas abandonem sua identidade e herança culturais. É nessa perspectiva que se insere a crítica que Bernstein faz à educação compensatória:

> O conceito de educação compensatória contribui para desviar a atenção tanto da organização interna, quanto do contexto educativo da escola, e a concentrá-la na família e nas crianças. O conceito de "educação compensatória" implica que falta alguma coisa à família e, consequentemente, à criança. As crianças são, portanto, incapazes de serem beneficiadas pela escolarização. Conclui-se, então, que a escola deve "compensar" o que falta à família, e as crianças são consideradas como sistemas deficientes. Se, pelo menos, os pais fossem interessados nas coisas boas que oferecemos... se, pelo menos, fossem como os pais da classe burguesa... então poderíamos cumprir com nossa tarefa... Uma vez compreendido o problema, mesmo implicitamente, dessa maneira, torna-se, então, oportuno forjar expressões como "deficiência cultural", "deficiência linguística", etc. E se pode ficar à espera de que esses rótulos cumpram cada um com seu triste dever.[8]

É também na perspectiva desse segundo grupo de explicações para o insucesso das estratégias de educação compensatória que se insere a ideologia das diferenças linguísticas, tema do próximo capítulo.

Finalmente, o terceiro grupo de explicações para o insucesso dos programas de educação compensatória não só responsabiliza a ideologia da carência cultural, mas, mais que isso, aponta a própria sociedade e sua estrutura discriminatória como causas desse insucesso. O argumento é que a educação compensatória fracassa porque atribui à escola um poder que ela não tem: o de compensar as desigualdades sociais que estão fora dela e de que a escola não tem condições de fugir.

Em primeiro lugar, ao contrário do que pretende a educação compensatória – igualar as possibilidades de rendimento escolar de crianças de diferentes classes sociais –, à escola não se permite, em estruturas sociais baseadas em hierarquias de classe bem definidas, mais que produzir cidadãos e trabalhadores que se adaptem a essa hierarquização. É por isso que a educação compensatória nada consegue fazer: ela não pode prevalecer sobre a função social atribuída à escola em sociedades capitalistas.

Em segundo lugar, é demasiado ampla a gama de "deficiências" que esse tipo de educação pretende "compensar": deficiências de saúde e nutrição, deficiências afetivas, motoras, cognitivas, linguísticas, decorrendo daí seu insucesso. Nas palavras de Demerval Saviani:

> Tais programas [de educação compensatória] acabam colocando sob a responsabilidade da educação uma série de problemas que não são especificamente educacionais, o que significa, na verdade,

a persistência da crença ingênua no poder redentor da educação em relação à sociedade. Assim, se a educação se revelou incapaz de redimir a humanidade através da ação pedagógica, não se trata de reconhecer seus limites, mas de alargá-los: atribui-se então à educação um conjunto de papéis que, no limite, abarcam as diferentes modalidades de política social. A consequência é a pulverização de esforços e de recursos, com resultados praticamente nulos do ponto de vista propriamente educacional.[9]

Sob essa perspectiva, as mudanças necessárias para eliminar a discriminação, na escola, das crianças pertencentes às camadas populares devem ser feitas não *na* ou *pela* escola, mas na sociedade como um todo. O capítulo seguinte apresenta a teoria daqueles que buscam denunciar a verdade que se oculta sob a ideia da escola como instituição capaz de "compensar" as desigualdades sociais.

NOTAS

[1] Curt Dudley-Marling, "Return of the Deficit", em *Journal of Educational Controversy*, v. 2, n.1, 2007.

[2] Dois casos exemplares: Ruby K. Payne, *A Framework for Understanding Poverty*. Highlands, TX: aha! Process, Inc., 2005; Todd R. Risley e Betty Hart, *Meaningful Differences in the Everyday Experience of Young American Children*. Baltimore, MD: Brookes, 1995.

[3] Apud Stephen Ullmann, *Lenguaje y estilo*, Madrid: Aguilar, 1967, p. 252.

[4] Benjamin Lee Whorf, *Lenguaje, pensamiento y realidad*, Barcelona: Barral Editores, 1971, p. 241.

[5] Basil Bernstein, "Estrutura social, linguagem e aprendizagem", em Maria Helena Souza Patto (org.), *Introdução à Psicologia Escolar*, pp. 141-2. Ver "Bibliografia comentada".

[6] Basil Bernstein, "Uma crítica ao conceito de educação compensatória", em Zaia Brandão (org.), *Democratização do ensino: meta ou mito?*, pp. 49-50. Ver "Bibliografia comentada".

[7] R. Rosenthal e L. Jacobson, *Pygmalion in the Classroom: Teacher Expectations and Pupils Intellectual Development*, New York, Holt, Rinehart and Winston, 1968.

[8] Basil Bernstein, "Uma crítica ao conceito de educação compensatória", op. cit.

[9] *Escola e democracia*, p. 38. Ver "Bibliografia comentada".

Diferença não é deficiência

O MITO DA DEFICIÊNCIA LINGUÍSTICA

Foram sociólogos e, sobretudo, psicólogos que criaram e desenvolveram o conceito de "deficiência linguística", alvo de crítica por parte de linguistas, mais especificamente de sociolinguistas, para quem o conceito expressa uma impropriedade científica, que revela o desconhecimento de especialistas de outras áreas de conhecimento a respeito das ciências da linguagem, particularmente a respeito da Sociolinguística. Esse desconhecimento repousa, sobretudo, na pressuposição de que há línguas ou variedades linguísticas "superiores" e "inferiores", "melhores" e "piores". Do ponto de vista sociolinguístico, tanto quanto do ponto de vista antropológico, essa pressuposição não se sustenta.

Embora a hipótese Sapir-Whorf, mencionada no capítulo anterior, não seja totalmente aceita pelos sociolinguistas, estes não negam a influência da língua sobre a visão que do mundo têm os que a falam, como também não negam o contrário, isto é, a influência do meio físico e do contexto cultural sobre a língua. Assim, a língua e o comportamento linguístico de seus falantes estão estreitamente ligados à cultura em que ocorrem.

Por outro lado, a Antropologia já demonstrou que não se pode considerar uma cultura superior ou inferior a outra: cada uma tem a sua integridade própria, o seu próprio sistema de valores e de costumes; não há culturas "simples" ou "complexas", "pré-lógicas" ou "lógicas". O estudo de culturas inadequadamente chamadas "primitivas" mostrou que elas não são nem menos complexas nem menos lógicas que as chamadas "civilizadas". Apenas o etnocentrismo – tendência a considerar a própria cultura superior a todas as outras – pode explicar a avaliação de culturas como "inferiores" em complexidade ou logicidade.

O estudo das línguas de diferentes culturas deixa claro, da mesma forma, que não há línguas mais complexas ou mais simples, mais lógicas ou menos lógicas: todas elas são adequadas às necessidades e características da cultura a que servem, e igualmente válidas como instrumentos de comunicação social. Não se pode dizer que o português seja "melhor", mais "rico", mais "expressivo", mais "flexível" que o inglês, o francês, o alemão, nem mesmo se pode dizer que ele seja "melhor" que, por exemplo, a língua dos aborígenes da Austrália, em que a terminologia do parentesco é muito mais complexa, pois dá nomes diferentes, o que não é feito em nossa língua, a avós paternos e maternos, a irmãos mais jovens e mais velhos, a inúmeros parentes que resultam de variadas relações que denominamos apenas pela palavra "primo". É verdade que algumas línguas são funcionalmente mais desenvolvidas que outras: o inglês, por exemplo, é, atualmente, uma língua internacional, enquanto o português não o é; por outro lado, inglês, português, francês, alemão e várias outras línguas têm um sistema de escrita altamente sofisticado, que permite que sejam usadas tanto para uma conversação casual quanto para a redação de artigos científicos, enquanto outras línguas nem mesmo têm sistema de escrita, e, portanto, não podem exercer essa mesma variedade de funções. No entanto, umas e outras são adequadas à cultura a que servem. É verdade, também, que algumas línguas têm um léxico mais rico que outras, em determinadas áreas: a língua dos esquimós ou a de tribos nômades árabes não dispõem de vocabulário para discutir a teoria da relatividade ou a economia neocapitalista, mas não são línguas inadequadas ou inferiores por causa disso, assim como o inglês, o francês ou o português não são línguas inadequadas ou inferiores por não possuírem tantas palavras quantas possuem os esquimós para designar a neve, ou os árabes para designar o camelo.

Graças, pois, a evidências antropológicas e sociolinguísticas, é hoje aceita facilmente por todos a afirmação dos especialistas de que as línguas são apenas *diferentes* umas das outras, e que a avaliação de "superioridade" ou "inferioridade" de umas em relação a outras é cientificamente inaceitável. Entretanto, a mesma afirmação, quando feita em relação às *variedades* de uma *mesma língua* – trata-se, basicamente, do mesmo fenômeno –, já não é tão facilmente aceita, o que ocorre, sobretudo, quando a variação linguística se relaciona com a variação social, isto é, com a posição do falante na hierarquia social de sociedades capitalistas; disso decorre o *preconceito linguístico*, um dos fatores determinantes do fracasso escolar. É esse o tema do próximo tópico.

PRECONCEITO LINGUÍSTICO E FRACASSO ESCOLAR

Embora um grupo de pessoas que utilizam uma mesma língua constitua uma *comunidade linguística*, isso não significa que essa língua seja homogênea e uniforme. À diferenciação geográfica e social entre segmentos de uma mesma comunidade linguística corresponde um processo de diferenciações linguísticas, denominadas variedades linguísticas, diferenciações que podem dar-se nos níveis fonológico, léxico e gramatical.

O afastamento no espaço geográfico leva a *variedades regionais*, ou **dialetos** (no Brasil, há diversas zonas dialetais, com variantes dialetais em uma mesma área – dialetos amazônicos, nordestinos, mineiros, sulistas, entre outros).

A diferenciação social, em função das características do grupo a que pertence o falante, ou das circunstâncias em que se dá a comunicação, leva a **variedades sociais**, que ocorrem em grupos caracterizados por idade, sexo, classe social, entre outros, e a níveis de fala, ou **registros**, determinados pelo uso que o falante faz da língua em função da maior ou menor formalidade da situação de interação.

Tal como não se pode falar de "inferioridade" ou "superioridade" entre línguas, mas apenas de diferenças, não se pode falar de inferioridade ou superioridade entre dialetos geográficos, entre variedades sociais, entre registros. Também aqui, como ocorre em relação às línguas, cada dialeto, variedade ou registro é adequado às necessidades e características do grupo a que pertence o falante, ou à situação em que a fala ocorre: todos eles são, pois, igualmente válidos como instrumentos de comunicação. Não há nenhuma evidência linguística que permita afirmar que um dialeto, variedade ou registro é mais "expressivo", mais "correto", mais "lógico" que qualquer outro: todos eles são sistemas linguísticos igualmente complexos, lógicos, estruturados.

Entretanto, os preconceitos sociais, que valorizam certas regiões do país em detrimento de outras, determinados contextos em relação a outros, alguns grupos sociais em oposição a outros, levam leigos e até especialistas a atribuir superioridade a certos dialetos regionais, a certos registros e, sobretudo, a certa variedade social, criando-se, assim, estereótipos linguisticamente inaceitáveis.

Do ponto de vista linguístico, ou sociolinguístico, o conceito de "deficiência linguística" é um desses estereótipos, resultado de um preconceito linguístico próprio de sociedades estratificadas em classes, segundo o qual são "superiores", "melhores" as variedades das classes socialmente privilegiadas; na verdade, essa "superioridade" não se deve a razões linguísticas, ou a propriedades inerentes a essas variedades, mas a razões sociais: o prestígio de que essas classes gozam, na estrutura social,

64 • Linguagem e escola

é estendido a todos os seus comportamentos, entre eles às modalidades de língua que usam, as *variedades de prestígio* (que não se identificam com a **norma-padrão**, como esclarecido nesse verbete do "Glossário"). Já as variedades linguísticas de grupos de baixo prestígio social são vítimas de preconceito – *variedades estigmatizadas* –, avaliadas em comparação com as variedades de prestígio e julgadas, naquilo em que são diferentes delas, como "incorretas", "ilógicas", "deficientes" – marcadas com um *estigma*, um modo de falar indigno, desonroso. Essas atitudes em relação às variedades não são propriamente linguísticas; são atitudes sociais, culturalmente aprendidas, pois se baseiam em valores sociais e culturais, não em conhecimentos linguísticos. Na verdade, são julgamentos sobretudo dos falantes, não propriamente de sua fala.

Alguns exemplos podem demonstrar o fundamento apenas social de uma avaliação de formas linguísticas como "boas" ou "más".

Comparem-se as duas frases:

> *Ninguém viu o ladrão.*
> *Ninguém não viu o ladrão.*

A primeira é considerada própria de variedade de prestígio, enquanto a segunda é classificada como uma estrutura própria de variedade popular, "incorreta" e "ilógica", por isso estigmatizada. O argumento tradicionalmente utilizado para "provar" que a variedade estigmatizada é "ilógica" e, portanto, "errada" é que a dupla negação (*ninguém* + *não*) seria, do ponto de vista "lógico", uma afirmação: *Ninguém não viu o ladrão* equivaleria a *Ninguém deixou de ver o ladrão*; a estrutura da variedade de prestígio é que seria "lógica" e, portanto, "correta", ao evitar a duplicação da negativa. No entanto, é da variedade de prestígio a estrutura *Ele não viu nada*, em que também ocorre dupla negação (*não + nada*); se se aceita a "lógica" de que uma dupla negação resulta numa afirmação, *Ele não viu nada* equivaleria a *Ele viu alguma coisa*. Na verdade, pois, a diferença entre a estrutura "de prestígio" *Ninguém viu o ladrão* e a "estigmatizada" *Ninguém não viu o ladrão* não é de "lógica", é exclusivamente da estrutura superficial; no processo de comunicação, falantes de variedade estigmatizada entendem perfeitamente o significado negativo de *Ninguém não viu o ladrão*, tanto quanto falantes da variedade de prestígio entendem o significado negativo de *Ele não viu nada*. Não se pode, pois, falar que uma estrutura é "errada" e que a outra é "certa"; de um modo geral, do ponto de vista puramente linguístico, é inadmissível usar os critérios de "certo" e "errado" em relação ao uso da língua. O que se considera "errado" não é linguisticamente melhor nem pior que o que se considera "certo"; é apenas aquilo que difere de variedades socialmente privilegiadas.

O uso da concordância verbal nas variedades de prestígio e nas variedades estigmatizadas pode oferecer outro exemplo de que o julgamento de formas linguísticas como "certas" ou "erradas" é de natureza puramente social e preconceituosa.

Nas *variedades de prestígio* da língua portuguesa, a flexão de número e pessoa ocorre em *todos* os casos: eu quero, tu queres, ele quer, nós queremos, vós quereis, eles querem; em *variedades estigmatizadas*, a flexão em geral ocorre apenas na primeira pessoa: eu quero, tu quer, ele quer, nós quer, eles quer.

Pesquisas sociolinguísticas a respeito de variedades estigmatizadas em várias regiões do Brasil mostram que a ausência de flexão de número e pessoa na concordância verbal não é um "erro" cometido "por ignorância", mas, ao contrário, evidencia a existência de uma regra aplicada de maneira sistemática e não aleatória; uma regra da gramática de determinadas variedades estigmatizadas (sobretudo rurais). Além disso, não flexionar o verbo em todas as pessoas, como fazem variedades estigmatizadas, não é "ilógico"; na verdade, flexão em todas as pessoas é uma redundância: se a pessoa verbal e o número já são indicados pelo pronome pessoal, ou pelo sintagma nominal sujeito, por que indicá-los de novo com a terminação verbal? Nesse sentido, a regra da variedade estigmatizada pode ser considerada mais "lógica" e mais econômica que a regra da variedade de prestígio. E mais: se não flexionar o verbo em todas as pessoas do singular e do plural fosse "ilógico" e "errado", seria também "ilógico" e "errado" o inglês das classes de prestígio, que, como se sabe, só flexiona o verbo em uma pessoa, a terceira pessoa do singular. E ainda mais: usar o pronome de segunda pessoa do singular com o verbo na terceira pessoa, como é comum em falantes de classes privilegiadas da região Sul – *tu vai, tu foste* –, não é considerado forma "ilógica" nem "errada".

Muitos outros exemplos poderiam ser apresentados para comprovar que as avaliações em termos de "certo" e "errado", "melhor" e "pior" em relação a usos da língua refletem preconceitos que estigmatizam antes os falantes de baixo prestígio social que o uso que eles fazem da língua. O conceito de "deficiência linguística" é fruto desse preconceito, e, por isso, como se afirmou no início deste capítulo, é uma impropriedade científica; no entanto, ele tem servido para legitimar a discriminação que na escola se faz dos alunos pertencentes às camadas populares: falantes de variedades linguísticas próprias de seus contextos culturais, esses alunos são considerados linguisticamente "deficientes" e, em consequência, também cognitivamente "deficientes" (pela inadequada atribuição de "ilogicidade" às estruturas linguísticas do dialeto popular), apenas porque a escola julga sua linguagem em função das variedades de prestígio, únicas que considera "certas" e "lógicas".

É ao sociolinguista norte-americano William Labov que se deve a mais poderosa e fundamentada contestação da teoria da deficiência linguística e a mais decisiva comprovação de que diferença não é deficiência.

A DECISIVA CONTRIBUIÇÃO DE LABOV

Na mesma época em que Bernstein publicava trabalhos considerados reforçadores da teoria da deficiência linguística – década de 1960 –, surgiam os primeiros resultados das pesquisas de Labov sobre as relações entre linguagem e classe social, e sobre as variedades do inglês falado por diferentes grupos étnicos dos Estados Unidos, particularmente por negros e porto-riquenhos da cidade de Nova York. Embora se dedicando à pesquisa sociolinguística segundo um modelo quantitativo, e preocupado especificamente com a descrição das variações linguísticas numa mesma comunidade de fala,

68 • Linguagem e escola

Labov insistiu repetidas vezes nas contradições evidentes entre os resultados de suas pesquisas e a teoria da deficiência linguística; pode-se dizer que ele desmistificou a lógica que atribuía à "privação linguística" as dificuldades de aprendizagem, na escola, das minorias étnicas socialmente desfavorecidas, dificuldades que, segundo ele, são criadas pela própria escola e pela sociedade em geral, não pelas variedades linguísticas faladas por essas minorias. Essa desmistificação está expressa, de maneira mais clara e direta, no texto "The Logic of Nonstandard English" (A lógica do inglês não padrão),[1] apresentado por Labov em um encontro de Linguística e Estudos da Linguagem, realizado em Washington (cujo tema foi, significativamente, "Linguística e o ensino do inglês-padrão a falantes de outras línguas ou dialetos"), em 1969, no mesmo ano, portanto, em que Bernstein apresentava, numa conferência também nos Estados Unidos, em Nova York, o texto "Uma crítica ao conceito de educação compensatória", citado no capítulo anterior.

Labov não nega o fato que deu origem à teoria da deficiência: o fracasso das crianças dos guetos (bairros onde se isolam minorias discriminadas por razões raciais ou econômicas – nos Estados Unidos, país a que se refere Labov, os negros e os latino-americanos); ao contrário, ele afirma que, em seus estudos sobre os guetos enquanto comunidades linguísticas, tinha constatado entre as crianças um fracasso escolar muito mais grave que aquele que vinha sendo denunciado.

Entretanto, Labov rejeita completamente o conceito de "deficiência linguística", que considera um "mito" sem nenhuma base na realidade social. A afirmação de que as crianças dos guetos vivem num contexto de "privação linguística", onde recebem pouca estimulação verbal, ouvem uma linguagem mal-estruturada e, por isso, tornam-se linguisticamente deficientes, é inteiramente falsa; ao contrário, afirma ele, as crianças dos guetos recebem muita estimulação verbal ("vivem banhadas em estimulação verbal da manhã à noite"), ouvem uma linguagem mais estruturada que as crianças de classe média, participam de uma cultura intensamente verbal.

Essas afirmações são documentadas em pesquisas do próprio Labov e de outros pesquisadores, que mostram, por exemplo, o grande valor atribuído pela cultura negra, nos Estados Unidos, à comunicação oral, muito maior que o valor a ela atribuído pela cultura da classe média, que valoriza, prioritariamente, a linguagem escrita. Mostram, também, a "gramaticalidade" da linguagem das classes trabalhadoras. Labov discorda do ponto de vista de linguistas (Chomsky, por exemplo) que afirmam que o "desempenho" linguístico é em geral agramatical, isto é, que a maioria das pessoas não emprega, ao falar, sentenças bem-formadas, "gramaticais"; ao contrário, seus estudos levam-no à convicção de que a fala informal é gramatical, muito mais que a fala formal: esta última ma apresenta um grande número de sequências agramaticais, muitas irredutíveis a uma construção gramatical, enquanto aquela apresenta sentenças ou completas, ou facilmente redutíveis a uma forma gramatical. Além de a proporção de frases gramaticais variar conforme o registro – formal ou informal –, e até por causa disso, essa proporção varia também, segundo

Labov, conforme a origem social: os falantes das classes trabalhadoras usam muito mais frases bem-formadas que os falantes da classe média. É por isso que ele afirma que as crianças dos guetos ouvem uma linguagem mais estruturada que as da classe média.

A tese de Labov é que as crianças dos guetos, isto é, pertencentes às classes socialmente desfavorecidas, dispõem de um vocabulário básico exatamente igual ao de qualquer outra criança, dominam variedades que são sistemas linguísticos perfeitamente estruturados, possuem a mesma capacidade para a aprendizagem conceitual e para o pensamento lógico.

Para a contestação da teoria da deficiência linguística, a que se refere, frequentemente, como "teoria da privação verbal", Labov insiste na importância social do papel do linguista, a quem cabe desmistificá-la, porque só ele pode demonstrar as falácias da teoria, construída por especialistas que não conhecem a natureza da linguagem e não têm uma noção correta das relações entre variedades próprias de diferentes classes sociais.

Segundo Labov, uma das mais sérias falácias da teoria da privação verbal é que ela se fundamenta em resultados espúrios, que não passam de um artefato da metodologia de pesquisa utilizada. A linguagem da criança é estudada em experimentos controlados, em que se procura obter amostras de sua linguagem por meio de entrevistas realizadas em situações artificiais, assimétricas (como exemplo, recorde-se a pesquisa de Peter Hawkins, citada no capítulo anterior): um desconhecido – o pesquisador – procura provocar, de maneira controlada, a fala de uma criança, em um contexto artificial. Ora, crianças de diferentes origens sociais percebem esse contexto de forma diferente.

Para a criança das classes favorecidas, a situação artificial de teste não parece estranha. Desde cedo, por meio dos processos de socialização a que é submetida em sua classe social, ela aprende que, em determinadas situações, requer-se dela uma utilização "gratuita" da língua; são situações em que ela percebe que é sobretudo a *forma* que interessa ao adulto que a interroga: ela deve mostrar que sabe expressar-se bem e que é capaz de discorrer sobre um tema segundo certas normas (inclusão de explicações, ainda que redundantes, de detalhes, explicitação de relações). Além disso, sua relação com o pesquisador é equivalente às relações que mantém com adultos de seu contexto social: uma relação em que ambos pertencem à mesma classe social.

Para a criança das camadas populares, a situação de entrevista parece estranha e ameaçadora. Os processos de socialização que vivencia em seu contexto cultural de classe não valorizam o uso "gratuito" da língua; além disso, sua relação com o pesquisador é assimétrica: é uma relação com um adulto pertencente a outra classe, percebida, por força dos preconceitos culturais, como "superior". Em tais circunstâncias, diz Labov, não se poderia certamente esperar dela mais que uma linguagem monossilábica, fragmentada, defensiva. Na verdade, dados obtidos através de entrevistas realizadas nessas situações artificiais e assimétricas seriam uma boa medida não da capacidade verbal da criança, mas de sua capacidade de defender-se, em uma situação que ela interpreta como hostil e ameaçadora.

No entanto, a "teoria da privação verbal" foi construída sobre dados assim obtidos; é que os responsáveis pelas pesquisas que conduziram à teoria foram, sobretudo, psicólogos, que utilizaram uma metodologia talvez adequada a pesquisas psicológicas, mas inteiramente inadequada à pesquisa sociolinguística. O pressuposto nessa metodologia é o de que a situação de teste é neutra, do ponto de vista sociocultural; como consequência, atribuem-se as diferenças entre a linguagem de crianças das classes favorecidas e a de crianças das camadas populares a causas *externas* à situação em que a linguagem foi observada (origem de classe, contexto cultural). Ora, as causas estão *nessa mesma situação*: na verdade, as diferenças não são de linguagem, mas de comportamento diante da tarefa proposta na situação de teste.

Para avaliar a verdadeira capacidade verbal da criança, é necessário estudá-la no contexto cultural em que essa capacidade se desenvolve, e em situações naturais, distensas. Segundo Labov, a pesquisa de linguagem coloca o pesquisador diante de um "paradoxo": seu objetivo é descrever a fala das pessoas tal como ocorre quando elas não estão sendo sistematicamente observadas; entretanto, essa descrição só pode ser feita através de uma observação sistemática. Em suas pesquisas, Labov resolve esse paradoxo usando várias técnicas; no caso específico da observação da linguagem de crianças e adolescentes negros, encarrega um pesquisador também negro, e com a mesma origem social dos pesquisados, das entrevistas que, assim, se transformam em conversas informais em que os entrevistados se sentem à vontade, esquecendo o gravador e interagindo livremente com o adulto.

A situação social, afirma Labov, é o mais poderoso determinante do comportamento verbal; em situações naturais e distensas, crianças e adolescentes classificados como linguisticamente "deficientes", quando sua linguagem é avaliada em situações de teste, evidenciam uma linguagem complexa, expressiva, logicamente estruturada, embora *diferente* da linguagem de crianças e adolescentes das classes favorecidas.

Na avaliação dessa *diferença* entre as variedades linguísticas das camadas populares e as das classes favorecidas, a posição de Labov chega a ser, em alguns aspectos, exatamente contrária à posição dos partidários da teoria da deficiência linguística: segundo ele, os falantes pertencentes às camadas populares narram, raciocinam e discutem com muito mais eficiência que os pertencentes às classes favorecidas, que contemporizam, qualificam, perdem-se em um excesso de detalhes irrelevantes. A fala das classes favorecidas caracteriza-se pela "verbosidade", que transmite a impressão de que o falante é competente, mas apenas por condicionamento cultural: são falantes socialmente privilegiados, logo, sua linguagem é considerada racional, lógica, inteligente, e a verbosidade é vista como flexibilidade, riqueza vocabular e sintática. Na verdade, diz Labov, trata-se antes de um *estilo* que de uma variedade linguística, estilo que é, simultaneamente, particular e vago: a exuberância verbal mais dissimula que esclarece o pensamento, que fica escondido atrás das palavras.

Já a variedade popular é direta, econômica, precisa, sem redundâncias. Sobretudo, ela é um sistema perfeitamente estruturado e coerente, nunca, como supõe a "teoria da privação verbal", um acúmulo de "erros" causados pela incapacidade de seus falantes usarem a variedade de prestígio. É, sem dúvida, um *outro* sistema, estreitamente relacionado com o inglês de prestígio, mas que se distancia deste por numerosas diferenças persistentes e sistemáticas, isto é: a variedade popular difere da variedade de prestígio *de modo regular e de acordo com regras*, e oferece formas equivalentes para a expressão do mesmo conteúdo lógico.

Para Labov, pois, a principal falácia da teoria da privação verbal é que ela atribui o fracasso escolar da criança a inexistentes "deficiência linguística" e "carência cultural"; a explicação para esse fracasso deveria ser buscada na inabilidade da escola em ajustar-se às *diferenças* culturais e linguísticas entre classes privilegiadas e camadas populares. Os programas de educação compensatória, afirma Labov, são planejados para corrigir a criança, não a escola; falharão, enquanto se basearem nessa inversão lógica.

A teoria das diferenças culturais e linguísticas como quadro explicativo para o fracasso da escola na educação de crianças e jovens pertencentes a camadas populares, teoria que vinha sendo desenvolvida por Labov e outros linguistas nos Estados Unidos, chegou ao Brasil no início dos anos 1970, no mesmo momento em que aqui chegava a teoria das deficiências culturais e linguísticas. Assim, durante os anos 1970, e sobretudo os anos 1980, ao lado de estudos e pesquisas que explicavam o fracasso escolar atribuindo-o às *deficiências* culturais e linguísticas, de que se falou no capítulo anterior, também desenvolviam-se estudos e pesquisas, sobretudo nas áreas da Sociolinguística e da Psicologia Social da Educação, sobre o fracasso escolar no quadro das *diferenças* culturais e linguísticas. É que a concentração do fracasso escolar nas escolas públicas, portanto nas crianças das camadas populares, suscitou a hipótese de que a responsabilidade do fracasso seria *da escola*, que tratava como "carentes" e "deficientes" crianças que eram apenas "diferentes" das crianças pertencentes às classes privilegiadas.

Pesquisa exemplar nesse sentido foi realizada entre os anos de 1983 e 1984 por Maria Helena Souza Patto (ver "Bibliografia comentada"), que evidenciou como o fracasso escolar é *produzido* pela escola, que considera como deficiência, carência, o que na verdade é diferença. A pesquisadora buscou compreender as causas do fracasso escolar de crianças multirrepetentes de uma escola pública situada em bairro pobre, por meio de observação da escola e de interação com os participantes do processo escolar – professores, administradores, técnicos – e também de observação da vida familiar das crianças e de interação com elas e com seus pais. Reduzindo aqui os ricos resultados da pesquisa àquele mais diretamente ligado à reflexão que se vem fazendo neste livro, a pesquisadora concluiu que é a escola que *produz* o fracasso escolar, estigmatizando como deficientes, carentes, incapazes, crianças que na vida cotidiana, em seu contexto familiar, social, cultural, revelam-se inteligentes, ativas e criativas – a pesquisa, publicada no livro *A produção do fracasso escolar: histórias de submissão e rebeldia* (ver mais informações no verbete sobre esse livro, na "Bibliografia comentada"), é uma rigorosa comprovação de como diferenças culturais e linguísticas se transformam, na escola, em deficiências e carências.

A SOLUÇÃO: UM BIDIALETALISMO FUNCIONAL

Do capítulo anterior e do que até aqui se discutiu neste capítulo pode-se concluir que a escola, ignorando as diferenças culturais e linguísticas entre classes favorecidas e camadas populares, considera essas diferenças como deficiências e carências. No entanto, no que se refere especificamente à linguagem, tema central deste livro, diferem as soluções propostas pela teoria da deficiência linguística e pela teoria das diferenças linguísticas.

A teoria da deficiência linguística identifica conflitos *estruturais* e *funcionais* entre as variedades socialmente estigmatizadas e as variedades socialmente prestigiadas; considerando "erradas" as variedades estigmatizadas, a escola tenta eliminá-las e substituí-las por variedades de prestígio que considera "certas" e que valoriza. É esse o objetivo dos programas de educação compensatória, no que se refere à linguagem.

Ao contrário, a teoria das diferenças linguísticas considera que há apenas um conflito *funcional* entre variedades de prestígio e variedades socialmente estigmatizadas: variedades linguísticas têm o mesmo valor como sistemas estruturados e coerentes, mas, da perspectiva do funcionamento social, determinadas variedades são mais aceitas que as demais – as variedades de prestígio das classes favorecidas. Em outras palavras, as variedades são *estruturalmente* equivalentes, mas *funcionalmente* conflitivas. Diferentes posturas podem ser assumidas na escola para a solução desse conflito funcional.

A postura mais radical é a de que a solução não é a aprendizagem, pelos falantes de variedades estigmatizadas, de variedade de prestígio; a solução estaria numa *mudança de atitude* de professores, e da população em geral, que deveriam ser educados para compreender que todas as variedades são igualmente válidas, corretas, e que não há razões legítimas para a discriminação de falantes que usam variedades apenas diferentes das que têm prestígio no contexto social. O ideal, segundo essa perspectiva, seria uma sociedade livre de preconceitos linguísticos, em que cada um pudesse usar sua própria linguagem, sem medo da censura, e uma escola que não interferisse no comportamento linguístico dos alunos, interferência que constitui, segundo os partidários dessa postura, um verdadeiro imperialismo educacional. Seria, neste caso, desejável que a escola aceitasse a linguagem dos alunos, sem discriminação de variedades prestigiadas e variedades estigmatizadas.

Essa postura, porém, é criticada como utópica e alienada da realidade social, e, por isso, o que ela propõe é considerado inatingível. As atitudes que estigmatizam determinadas variedades são, na verdade, atitudes em relação às condições sociais dos que as utilizam, e têm origem numa estrutura social que separa, de forma discriminativa, grupos de indivíduos em classes, em minorias étnicas, econômicas etc.; são, por isso, atitudes fundamentalmente resistentes à mudança. Só uma transformação da estrutura social poderia tornar possível essa mudança de atitudes e valores.

A postura mais amplamente adotada, na perspectiva das diferenças linguísticas, é a que a Sociolinguística denomina **bidialetalismo** (considerando dialeto como sinônimo de variedade linguística – ver o verbete **dialeto** no "Glossário"): falantes de variedades estigmatizadas devem aprender as variedades de prestígio para usá-las nas situações em que elas são requeridas, de modo que a fala *funcione* adequadamente no contexto: isto é, a solução educacional seria o desenvolvimento de um *bidialetalismo funcional*. Essa postura, descrita com precisão por Miriam Lemle, para quem a consciência de que as variedades socialmente valorizadas só têm "prestígio" por fatores históricos e sociológicos, não por razões linguísticas, traz uma nova visão da tarefa do professor, em relação ao uso da língua na escola:

> A sua missão [da escola] não é a de fazer com que os educandos abandonem o uso de sua gramática "errada" para a substituírem pela gramática "certa", e sim a de auxiliá-los a adquirirem, como se fora uma segunda língua, competência no uso das formas linguísticas da norma socialmente prestigiada, à guisa de um acréscimo aos usos linguísticos regionais e coloquiais que já dominam. A noção essencial aí é a de adequação: existem usos adequados a um dado ato de comunicação verbal, e usos que são socialmente estigmatizados quando usados fora do contexto apropriado. A comparação com as regras de uso de vestimenta é esclarecedora: assim como difere o tipo de roupa a ser usada segundo o tipo de

ocasião social, também diferem segundo a ocasião social as características da linguagem apropriada. Ficam socialmente estigmatizados os falantes inadimplentes às regras tácitas do jogo, tal como as pessoas que não cumprem as convenções sociais do bem-vestir.[2]

É também essa a posição de Labov, que chega a recomendar, para o ensino do inglês de prestígio a falantes de variedades estigmatizadas, o uso dos métodos de ensino do inglês como língua estrangeira; para isso, porém, acrescenta, é fundamental o conhecimento, por parte dos professores, das variedades linguísticas usadas pelos alunos. Segundo Labov, os professores, em geral, ignoram inteiramente o conceito de variedades linguísticas, são preconceituosos em relação às variedades desprestigiadas, que não veem como sistemas estruturados e coerentes; este é o principal obstáculo a um ensino da variedade de prestígio que não pretenda *substituir* nem menosprezar as variedades usadas pelos alunos.

Na verdade, o bidialetalismo funcional não pode existir sem que se forme uma nova atitude em relação às variedades linguísticas e uma compreensão de seu significado social. Fundem-se, assim, as duas posturas numa só solução: ao bidialetalismo funcional soma-se a postura (que, isolada, seria, como se disse, utópica) que advoga uma mudança de atitude em relação às variedades linguísticas. No quadro referencial da teoria das diferenças linguísticas, a solução educacional é, pois, em geral, a seguinte: a fim de que o aluno não seja discriminado por usar uma variedade estigmatizada em situações em que a variedade de prestígio é a única aceita, deve-se ensinar, na escola, a variedade de prestígio e a habilidade de usar essa variedade ou a sua própria de acordo com o contexto; para isso, a escola e os professores devem conhecer a teoria das diferenças linguísticas, reconhecer que as variedades socialmente estigmatizadas são sistemas linguísticos tão válidos quanto os sistemas das variedades de prestígio e, assim, ter atitudes positivas e não discriminativas em relação à linguagem dos alunos.

Essa solução, porém, baseia-se num pressuposto: o de que não é a sociedade a responsável pelos conflitos funcionais que nela ocorrem entre variedades de prestígio e variedades estigmatizadas. Na verdade, a solução pretende uma *adaptação* das classes desfavorecidas às condições sociais, sua integração às "regras" de uma sociedade estratificada, em que é desigual a distribuição de privilégios, como é desigual a atribuição de prestígio às variedades linguísticas. São ignoradas as contradições da sociedade como um todo, e o papel da escola, nessa perspectiva, se torna, fundamentalmente, o de preservar o equilíbrio do sistema social, retificando desvios – como o uso de uma variedade estigmatizada em situações em que a variedade de prestígio deve ser usada. Não é questionado o fato de se estar levando o falante de uma variedade estigmatizada a ver o comportamento linguístico próprio de seu grupo social como uso de uma variedade de certa forma "errada", ainda que apenas em determinadas situações (mas exatamente aquelas socialmente valorizadas), e a abandonar, nessas situações, o seu comportamento linguístico para adotar o de outro grupo, a que se atribui prestígio. Ficam dissimuladas, assim, sob o bidialetalismo funcional, as contradições e as discriminações das sociedades estratificadas em classes.

É o estudo dessas contradições e discriminações, vistas como determinantes sociais dos conflitos entre variedades linguísticas, que será objeto do próximo capítulo.

NOTAS

[1] Em William Labov, *Language in the Inner City*. Ver "Bibliografia comentada".

[2] Miriam Lemle, "Heterogeneidade dialetal: um apelo à pesquisa", em *Tempo Brasileiro*, p. 62. Ver "Bibliografia comentada".

Na escola, diferença é deficiência

DEFICIÊNCIA, DIFERENÇA OU OPRESSÃO?

Um cartum do humorista Feiffer mostra o seguinte monólogo de um indivíduo das camadas populares:

> Eu pensava que era pobre. Aí, disseram que eu não era pobre, eu era necessitado. Aí, disseram que era autodefesa eu me considerar necessitado, eu era deficiente. Aí, disseram que deficiente era uma péssima imagem, eu era carente. Aí, disseram que carente era um termo inadequado. Eu era desprivilegiado. Até hoje eu não tenho um tostão, mas tenho já um grande vocabulário.

No quadro teórico de uma Sociologia da Educação que analise criticamente as relações entre a escola e a sociedade, acrescentar a essa série de termos – necessitado, deficiente, carente, desprivilegiado – o termo *diferente*, como fazem os sociolinguistas responsáveis pela teoria apresentada no capítulo anterior, seria apenas acrescentar mais uma palavra ao já grande vocabulário da discriminação social, econômica e educacional, pois a marginalização das camadas populares em nada é alterada pelas teorias e propostas educacionais voltadas para as *deficiências* culturais e linguísticas dessas camadas, ou para as *diferenças* culturais e linguísticas entre elas e as classes socialmente privilegiadas.

A ineficácia dessas teorias e propostas ocorre porque ambas ignoram a causa essencial dos problemas que pretendem esclarecer e resolver; essa causa deve ser buscada nas verdadeiras relações entre educação e sociedade e na identificação da real função da escola na estrutura social, particularmente numa estrutura que se caracterize por discriminação e marginalização de grupos ou classes.

Tanto a "teoria da deficiência cultural e linguística" quanto a "teoria das diferenças culturais e linguísticas" consideram a escola um instrumento de superação da marginalidade social (seja ela causada por *deficiências*, seja por *diferenças*); as causas estruturais dessa marginalidade não são postas em questão. Ambas as teorias conferem à escola uma falsa autonomia, atribuindo-lhe a capacidade e a possibilidade de encontrar soluções, ela mesma, para os problemas culturais e linguísticos que nela ocorrem. Essas soluções são buscadas *internamente* à própria instância escolar, ignoram as determinações externas e jamais se dão no sentido de transformação da sociedade que discrimina e marginaliza, ou de emancipação das camadas desfavorecidas, e sim no sentido de integração e adaptação dessas camadas à sociedade tal como ela é.

Quer se trate de programas de educação compensatória, no quadro da "teoria da deficiência linguística", quer se trate de educação para o bidialetalismo funcional, no quadro da "teoria das diferenças linguísticas", o que se propõe, sempre, é, *explicitamente*, a imposição da variedade linguística de prestígio das classes favorecidas (ou para que ela *substitua* as variedades estigmatizadas das camadas populares, como quer a educação compensatória, ou para que ela *se acrescente* a essas variedades, como quer a educação para o bidialetalismo funcional), e, *implicitamente*, a sujeição das variedades estigmatizadas a variedades de prestígio (ou através de sua *erradicação*, como pretende a educação compensatória, ou através de um processo de *alienação*, em que o uso de uma variedade estigmatizada é recusado em determinadas situações, exatamente aquelas revestidas de prestígio e importância sociais, como sugere a educação para o bidialetalismo funcional). Nos dois casos, a escola seleciona seus objetivos segundo os padrões culturais e linguísticos das classes favorecidas, valoriza esses padrões, enquanto desqualifica, ou claramente (teoria da deficiência), ou dissimuladamente (teoria das diferenças), os padrões das camadas populares, e assim colabora para a manutenção e perpetuação das desigualdades sociais.

Segundo Bourdieu e Passeron[1] – que são, talvez, os mais conhecidos e importantes sociólogos entre os que fazem a crítica das relações escola-sociedade –, a função da escola tem sido precisamente esta: manter e perpetuar a estrutura social, suas desigualdades e os privilégios que confere a uns em prejuízo de outros, e não, como se apregoa, promover a igualdade social e a superação das discriminações e da marginalização. Para esses sociólogos, a escola exerce um poder de *violência simbólica*, isto é, de imposição, às camadas populares, da cultura – aí incluída a linguagem – das classes favorecidas, apresentadas como a cultura e a linguagem *legítimas*: a escola converte a cultura e a linguagem dos grupos privilegiados em saber escolar *legítimo* e impõe esse saber aos grupos desfavorecidos. Reforça-se, assim, a dominação que determinados grupos exercem sobre outros, e perpetua-se a marginalização.

Embora pretendam, aparentemente, lutar contra a discriminação social, cultural e linguística, tanto a tentativa de superação das *deficiências* pela educação compensatória quanto a tentativa de superação das *diferenças* pela educação para o bidialetalismo funcional apenas dissimulam a função, que a escola tem, de preservar essa discriminação e de legitimar a dominação, pois ambas aceitam um único saber linguístico como legítimo, o saber das classes privilegiadas, e consideram não legítimos os demais saberes; estes são ou recusados (como faz a educação compensatória) ou desqualificados (como faz a educação para o bidialetalismo funcional). Num e noutro caso, o efeito é o mesmo: afastar qualquer ameaça à estrutura social, manter a estabilidade do sistema.

Em síntese: tanto para a teoria da deficiência quanto para a teoria das diferenças, as desigualdades linguísticas se devem a desigualdades sociais, que determinam desigualdades de rendimento escolar; a divergência entre as duas teorias está na interpretação que dão às desigualdades: *deficiências* ou *diferenças*. Ambas, porém, são instrumentos de exercício da *violência simbólica*, pois dissimulam a discriminação social, pela legitimação e imposição da cultura e da linguagem dos grupos de prestígio, em detrimento da cultura e da linguagem de outros grupos, e assim garantem a preservação da estratificação social. A discriminação das camadas populares na escola não se explica, pois, por *deficiências* culturais e linguísticas nem por *diferenças* culturais e linguísticas que, estas, sem dúvida, as distinguem das camadas privilegiadas; explica-se, na verdade, pela opressão que essas camadas privilegiadas, com a mediação da escola, exercem sobre as camadas desfavorecidas, através da imposição de sua cultura e de sua linguagem, apresentadas como legítimas, e da consequente desvalorização de uma cultura e linguagem que, só por ser diferente daquela considerada legítima, é acusada de *deficiente*.

BOURDIEU E A ECONOMIA DAS TROCAS LINGUÍSTICAS

Pierre Bourdieu (1930-2002), sociólogo francês, é, entre os estudiosos voltados para a análise do papel da linguagem na estrutura social, aquele que mais profunda e sistematicamente analisou as relações entre a língua e as condições sociais de sua utilização nas situações de interação verbal. Psicólogos, linguistas e sociolinguistas relegam, em geral, a segundo plano aquilo que, para Bourdieu, é fator essencial e determinante do uso da linguagem: as condições sociais concretas de instauração da comunicação. Não se pode dissociar a linguagem da estrutura social em que é usada; assim, Bourdieu desloca o foco de análise: da caracterização da linguagem para a caracterização das condições sociais em que ela ocorre. Segundo suas próprias palavras, ele procura a "reintrodução do mundo social na ciência da linguagem".[2]

Uma relação de comunicação linguística não é, para Bourdieu, simplesmente uma operação de expressão-compreensão, de falar-ouvir; é, fundamentalmente, uma *relação de força simbólica*, determinada pela estrutura do grupo social em que ocorre a comunicação, ou seja, pelas relações existentes entre os interlocutores.

No universo social, além de bens materiais – força de trabalho, mercadorias, serviços –, circulam também *bens simbólicos* – informações, conhecimentos, livros, obras de arte, música, teatro; a linguagem é um desses bens simbólicos. A estrutura social organiza-se através da troca de bens, materiais ou simbólicos, entre grupos e entre indivíduos. Numa sociedade capitalista, essa troca cria *relações de força materiais*, em que se opõem "possuidores" e "possuídos", "dominantes" e "dominados", e *relações de força simbólicas*, em que a posse e a dominação não se dão através de meios materiais, mas de meios simbólicos.

As relações de comunicação linguística são relações de força simbólicas (já que a língua é um bem simbólico), ou *relações de força linguísticas*; elas é que explicam por que determinados falantes exercem poder e domínio sobre outros, na interação verbal, e determinados produtos linguísticos recebem mais valor que outros. Assim, as relações de força simbólicas presentes na comunicação linguística definem *quem* pode falar, *a quem*, e *como*; atribuem valor e poder à linguagem de uns e desprestígio à linguagem de outros; impõem o silêncio a uns e o papel de porta-voz a outros. Os usos da língua dependem da posição dos interlocutores na estrutura das relações de força simbólicas, e por isso estas é que devem ser estudadas, para que aqueles possam ser interpretados.

Ora, tal como há uma economia das trocas materiais – uma ciência dos fenômenos relativos a produção, distribuição, acumulação e consumo dos bens materiais –, há, também, segundo Bourdieu, uma *economia das trocas simbólicas* e, portanto, uma *economia das trocas linguísticas*. Para ele, a análise da *economia das trocas linguísticas* – dos fenômenos relativos a produção, distribuição e consumo da linguagem – é que pode explicar os problemas que ocorrem nas situações de interação verbal, entre elas incluída a situação escolar.

Toda situação linguística funciona como um mercado, um *mercado linguístico*, em que os bens que se trocam são palavras; o falante coloca seus produtos nesse mercado linguístico, prevendo o *preço* (o valor) que lhes será atribuído. O *preço* do produto linguístico depende não só das mensagens que veicula, mas também da posição e da importância que tem, na estrutura social, o grupo a que pertence quem o produz. Quando pessoas vivenciam uma situação de interação verbal, sejam amigos, donas de casa, pais e filhos, professor e alunos, professores entre si, colegas, o que está em jogo não é apenas o grau de domínio que cada um tem da linguagem, ou a importância, verdade, beleza dos conteúdos que transmite, mas também, e sobretudo, a natureza das relações sociais existentes entre os interlocutores, determinadas pela posição de cada um na estrutura social, sua situação econômica, idade, sexo, prestígio profissional etc.

São essas relações de força materiais e simbólicas que definem o *preço* do discurso; esse preço depende mais de *quem* fala e de *como* fala do que propriamente do conteúdo da fala; depende do *capital de autoridade* daquele que fala. Em determinados *merca-*

dos linguísticos, quando certas pessoas falam (ou escrevem), são respeitadas, acreditadas, apreciadas, obedecidas; sua linguagem é *autorizada*, é uma linguagem *legítima*. (Bourdieu atribui ao adjetivo *legítimo* um significado diferente daquele que tem na linguagem corrente; para ele, *legítimo* é um costume cultural ou um uso que é "dominante, mas desconhecido como tal, o que quer dizer que é tacitamente reconhecido".)[3] No mesmo mercado linguístico, outras pessoas podem falar, expressando conteúdo idêntico, mas seu discurso não obterá o mesmo crédito, o mesmo valor – sua linguagem não será reconhecida como *linguagem legítima*. Umas e outras podem dispor da mesma competência linguística, mas esta só se transforma em *capital linguístico* se a posição do falante no *mercado linguístico* conferir-lhe autoridade, poder, dominação. É por isso que Bourdieu sugere a substituição do conceito de *competência linguística*, no sentido chomskyano (que ele considera uma abstração, porque atribui autonomia à capacidade de produção linguística), pelo conceito de *capital linguístico*, que tem a vantagem de remeter ao conceito de *mercado linguístico*, estabelecendo que "uma competência só tem valor quando existe um mercado para ela".[4]

Assim, o valor social dos *produtos linguísticos* (seu *preço*) é-lhes atribuído em função de sua relação com um determinado mercado linguístico, que estabelece diferenças entre esses produtos, fazendo com que alguns, e não outros, rendam *lucro* ou proveito para o falante, não por suas qualidades intrínsecas, mas pela relação entre o sistema de diferenças linguísticas e o sistema de diferenças econômicas e sociais. As características linguísticas que correspondem às posições econômicas e sociais privilegiadas ganham legitimidade, e assim se desenvolve o reconhecimento de uma *linguagem legítima*, que se converte em *capital linguístico*, permitindo a obtenção de *lucro* por aqueles que o detêm.

A legitimação de uma modalidade de língua e sua conversão em *capital linguístico* dependem do grau de unificação do mercado linguístico, isto é, do grau em que a linguagem dos grupos socioeconomicamente privilegiados é reconhecida como *legítima* e, portanto, como ponto de referência para a valorização dos produtos linguísticos. Em um mercado linguístico unificado, a presença de grupos hierarquizados é a condição para a instauração de relações de dominação linguística. Nas palavras de Bourdieu:

> Quando uma língua domina o mercado, é em relação a ela, tomada como norma, que se definem, ao mesmo tempo, os preços atribuídos às outras expressões e o valor das diferentes competências. A língua dos gramáticos é um artefato que, universalmente imposto pelas instâncias de coerção linguísticas, tem uma eficácia social na medida em que funciona como norma, através da qual se exerce a dominação dos grupos. Detendo os meios para impô-la como legítima, os grupos detêm, ao mesmo tempo, o monopólio dos meios para dela se apropriarem.[5]

Em um mercado linguístico unificado, em que uma modalidade de língua domina e se impõe, ao mesmo tempo em que se aprende a língua, aprendem-se também as condições de sua *aceitabilidade*. Bourdieu define *aceitabilidade* sociologicamente, não linguisticamente, como faz Chomsky; para ele, *aceitabilidade* não caracteriza apenas um uso da língua considerado natural, imediatamente compreensível, intuitivamente "gramatical" ou "normal" (como propõe o conceito chomskyano), mas um uso da língua que esteja de acordo não só com as regras gramaticais internalizadas pelo falante, mas também com as regras do mercado linguístico.

Essas regras constituem um sistema de sanções, positivas ou negativas, à produção linguística; é esse sistema, intuitivamente apreendido e aprendido, que permite ao falante antecipar a *aceitabilidade* de seu discurso, a reação que ele pode suscitar – censura ou aprovação –, o que depende não só do próprio discurso, mas, sobretudo, das relações de força materiais e simbólicas entre os interlocutores. Em situações socialmente assimétricas de interação verbal, o falante, antecipando uma não aceitabilidade de seu discurso, tende a autocensurar-se: o silêncio (que, na verdade, é um *silenciamento*) ou o uso reticente e lacônico da língua são indicadores da censura prévia a que ele submete seu desejo ou direito de expressar-se. Quando Labov critica a pesquisa que levou à teoria da deficiência linguística, mostra que aquilo que é considerado linguagem "deficiente" é, apenas, uma linguagem censurada, numa situação de mercado linguístico em que a língua que se domina parece inadequada e sujeita a sanções negativas.

Também a **hipercorreção**, típica do pequeno-burguês que aspira a conquistar a "distinção" burguesa, ou do aluno que procura responder às expectativas do professor, é uma estratégia de censura prévia; significa um esforço de assimilação da *linguagem legítima* que, entretanto, não se efetiva, pelo divórcio entre a capacidade de apreciação e avaliação dessa linguagem e a capacidade de produzi-la. Contrariamente, aqueles que detêm poder social e prestígio – e cuja língua, por isso mesmo, foi reconhecida no mercado linguístico unificado como a *linguagem legítima* – costumam permitir-se a **hipocorreção** controlada. Esta é, na realidade, uma estratégia de "condescendência", através da qual pretendem negar, pela linguagem, a distância que os separa de seus interlocutores: o conferencista que utiliza expressões da linguagem popular, o pesquisador que procura falar "como o entrevistado" etc. Na verdade, o que o falante da linguagem legítima busca, pela hipocorreção, é a obtenção, no mercado linguístico, dos lucros da transgressão – "Ele é tão simples!", elogiam os interlocutores; ora, reconhecer "simplicidade" significa reconhecer a excepcionalidade da simplicidade naquele que, por outros aspectos da linguagem (como a pronúncia) e, ainda, por sua posição no universo social e cultural, deixa claro que poderia falar a linguagem legítima. Assim, ao contrário de seu significado aparente, a transgressão é uma forma de o falante afirmar seu domínio da norma, e seu direito e liberdade de afastar-se dela.

A interpretação econômica que Bourdieu faz do uso da linguagem no universo social e cultural aproxima-se, embora ele mesmo não o reconheça, da análise do *desempenho* linguístico (no sentido que Chomsky dá a esse termo) que fazem os sociolinguistas. A diferença está em que, enquanto o foco da análise sociolinguística se volta para as diferenças linguísticas e para a caracterização de variedades e registros, Bourdieu, como se disse anteriormente, dirige o seu foco de análise para as relações de força materiais e simbólicas que determinam e condicionam o uso da língua, com o objetivo de mostrar que a estrutura das relações de produção linguística depende da posição dos interlocutores na estrutura das relações de força simbólicas, que, por sua vez, espelham as relações de força materiais que estruturam a sociedade. Essa economia das trocas linguísticas é particularmente rica para a compreensão dos problemas de linguagem que, como se viu nos capítulos anteriores, ocorrem no contexto escolar em sociedades nas quais o acesso das camadas populares à educação formal, em decorrência da democratização do ensino, choca-se com uma estrutura social de divisão de classes, de modo que relações de força materiais e, consequentemente, relações de força simbólicas e, entre estas, relações de força linguísticas presentes na sociedade invadem a escola e nela atuam com intensidade.

O CAPITAL LINGUÍSTICO ESCOLARMENTE RENTÁVEL

A unificação do mercado cultural e linguístico (que é consequência da unificação do mercado econômico) resulta da adoção socialmente generalizada de critérios de avaliação que conferem *legitimidade* aos bens simbólicos – valores, usos, costumes, linguagem, obras artísticas e literárias etc. – próprios dos grupos econômica e socialmente privilegiados; assim, a unificação do mercado dos bens simbólicos transforma em capital cultural e linguístico a cultura e a linguagem desses grupos. Como consequência, a cultura e a linguagem dos grupos desfavorecidos sofrem um processo de depreciação, e a aquisição e o domínio do capital cultural e linguístico tornam-se uma exigência do mercado dos bens simbólicos.

A aquisição do *capital cultural* e do *capital linguístico* pode dar-se ou por familiarização, isto é, pela convivência, mais ou menos prolongada, com a cultura e a linguagem "legítimas", ou por um processo formal e intencional de inculcação de regras explícitas. Esse processo formal e intencional de aquisição do capital cultural e linguístico é atribuído especificamente à escola, que é, por isso, um mercado linguístico com características particulares: instância social a serviço do mercado cultural e linguístico dominante, ela usa e quer ver usada a linguagem "legítima", única a que confere *aceitabilidade*; ao mesmo tempo, é a ela que é delegada a função de ensinar essa linguagem "legítima". Na perspectiva da economia das trocas linguísticas, pois, as relações de força linguísticas se manifestam, na escola, de duas formas: nas relações de comunicação pedagógica, que estão presentes em todas as atividades que se desenvolvem no contexto escolar, uma vez que a língua é o instrumento fundamental de ensino, e nas relações de inculcação linguística, nas atividades formais de ensino da linguagem "legítima".

A comunicação pedagógica é, como toda e qualquer situação de comunicação, uma relação de força simbólica, determinada pela estrutura do grupo social em que ocorre. Nesse grupo, há alguém – o professor, que para isso recebe delegação do sistema de ensino – que tem o poder de decidir as mensagens que merecem ser transmitidas e o direito de impor a recepção dessas mensagens; isso se faz através do uso da linguagem "legítima", que é a principal marca explícita da autoridade pedagógica do professor. A comunicação pedagógica torna-se, assim, uma ação de inculcação da cultura "legítima", ou do *capital cultural*, e, simultaneamente, de imposição, de forma indireta, da linguagem "legítima", ou do *capital linguístico.*

Ora, o "rendimento" – para continuarmos utilizando a terminologia econômica – da comunicação pedagógica é baixo, quando nela estão envolvidas as camadas populares: o fracasso escolar dos alunos pertencentes a essas camadas, em todos os níveis de ensino, é prova de que a comunicação pedagógica não atinge seu objetivo de fazê-los adquirir a cultura "legítima". Dessa forma, a escola colabora com a perpetuação da divisão de classes: fracassando na função de levar as camadas populares à aquisição dos bens simbólicos que constituem o *capital cultural e linguístico*, condena essas camadas a permanecerem na condição de "desfavorecidas", "estigmatizadas". Certamente, um dos instrumentos mais eficientes para que a escola cumpra essa função de perpetuação da estratificação social é o uso da linguagem "legítima" e a exigência de seu uso na comunicação pedagógica.

Se a linguagem "legítima" (na verdade, "legitimada") é a das classes favorecidas, os alunos pertencentes a essas classes chegam à escola em condições de usá-la – para expressar-se ou para compreender –, pois adquirem-na por familiarização, em seu grupo social; já dominam, ou podem vir a dominar, com facilidade, um *capital linguístico* que "rende" na escola, isto é, o *capital linguístico escolarmente rentável.* Ao contrário, os alunos pertencentes às camadas populares adquiriram, por familiarização, uma outra linguagem, *não legítima* (a palavra *legítima* tem, aqui, o significado que lhe atribui Bourdieu: uma linguagem *não legítima* é uma linguagem não reconhecida socialmente); por isso, eles não dominam a linguagem da escola, nem para compreender, nem para se expressar: não dispõem do *capital linguístico escolarmente rentável.* A não posse desse *capital* é uma das principais causas da maior incidência do fracasso escolar entre os alunos pertencentes às camadas populares; por outro lado, é, em grande parte, a posse dele que explica as maiores possibilidades de sucesso, na escola, dos alunos pertencentes às classes favorecidas. Segundo Bourdieu,

> [...] a desigual distribuição, entre as diferentes classes sociais, do capital linguístico escolarmente rentável constitui uma das mediações mais bem dissimuladas pelas quais se instaura a relação entre a origem social e o êxito escolar.[6]

Entretanto, é a própria escola que tem a função de ensinar a linguagem "legítima"; não será uma contradição que os alunos fracassem nessa escola, exatamente por falta de um capital linguístico a cuja aquisição ela mesma é que deve conduzir?

Essa contradição, na verdade, é apenas aparente. A inculcação da linguagem "legítima", pela escola, desenvolve-se como uma *continuação* da inculcação através da qual essa linguagem é adquirida, por familiarização, no contexto social das classes favorecidas. Assim, a escola supõe um domínio prévio da linguagem "legítima" e fixa-se como tarefa apenas a transformação do domínio *prático* dessa língua em domínio *consciente, reflexivo.* Ora, os alunos das camadas populares não têm esse domínio *prático* da língua "legítima", e, portanto, a tentativa de transformação em domínio consciente de uma linguagem de que não têm o domínio prático só pode resultar em fracasso. A escola exige de todos os alunos que cheguem a ela trazendo algo que ela mesma não se propõe dar, e que só as classes favorecidas podem trazer – o domínio prático da língua "legítima"; pressupondo esse domínio prático, oferece um ensino da língua "legítima" que, evidentemente, só pode levar a bons resultados aqueles que já dispõem do que ela não dá, por desnecessário – o domínio prático da língua "legítima" –, mas de que depende o que ela dá – o ensino da língua "legítima".

Limitando-se a levar os alunos a transformar um domínio prático da linguagem "legítima" em um domínio consciente e reflexivo, o que a escola dá, no ensino da língua, é o *reconhecimento* dessa linguagem "legítima" e, portanto, do *capital linguístico social e escolarmente rentável*. Isto é, o que ela dá é a capacidade de identificar, reconhecer certa linguagem como "legítima"; o que ela *não* dá é o *conhecimento* dessa linguagem, conhecimento aqui entendido como a capacidade de produção e de consumo da linguagem "legítima". As atividades que constituem, em geral, o ensino da língua na escola – estudo da gramática da língua "legítima", leitura de textos sempre escritos em língua "legítima", correção da linguagem oral e escrita dos alunos de acordo com os padrões da língua "legítima" –, todas essas atividades, típicas do ensino de língua na escola, são atividades que levam ao *reconhecimento* da língua "legítima". Desconsiderando a distribuição desigual do *conhecimento* da língua "legítima", a escola pretende uma distribuição uniforme do *reconhecimento* dessa língua.

Para os alunos pertencentes às classes favorecidas, essa "didática do *reconhecimento*" tem como efeito o aperfeiçoamento do *conhecimento* (da capacidade de produção e de consumo), que já possuem, da língua "legítima"; para os alunos pertencentes às camadas populares, essa "didática do *reconhecimento*" não ultrapassa seus próprios limites, porque, na aprendizagem da língua, *reconhecer* não leva a *conhecer*. Em outras palavras: a escola leva os alunos pertencentes às camadas populares a *reconhecer* que existe uma maneira de falar e escrever considerada "legítima", diferente daquela que dominam, mas não os leva a *conhecer* essa maneira de falar e escrever, isto é, a saber produzi-la e consumi-la.

Não ensinando, pois, a língua "legítima", apenas ensinando a reconhecê-la, a escola cria e amplia a distância entre a linguagem das camadas populares e o capital linguístico social e escolarmente *rentável*. Assim agindo, ela está, na verdade, cumprindo a sua função de manter e perpetuar a estrutura social, a discriminação entre as classes, as desigualdades e a marginalização. Por isso é que, como se disse anteriormente, o fracasso na escola dos alunos pertencentes às camadas populares, por falta de um *capital linguístico escolarmente rentável*, por cuja aquisição essa mesma escola seria responsável, é apenas uma aparente contradição: a negação (ou a sonegação?) a esses alunos do *capital linguístico escolarmente rentável* tem, na verdade, a função de colaborar para a perpetuação das relações assimétricas entre as classes, de garantir a *opressão* das classes favorecidas sobre as camadas desfavorecidas. Na perspectiva da economia das trocas simbólicas e linguísticas, que espelha a economia das trocas materiais, o fracasso escolar não deve ser atribuído a *deficiências*, nem mesmo a *diferenças* linguísticas, mas à *opressão*; é essa opressão que faz com que a *diferença* entre a linguagem das camadas populares e a das classes dominantes (que, só por ser a linguagem dessas classes, é considerada "legítima") transforme-se em *deficiência*: na escola de uma sociedade dividida em classes, *diferença é defi-*

ciência. Na verdade, essa "deficiência", nos termos da economia das trocas linguísticas, é a *não rentabilidade* da linguagem das camadas populares num mercado de dominação cultural e linguística, e, consequentemente, no mercado escolar, posto a serviço dessa dominação.

A SOLUÇÃO NÃO ESTÁ NA ESCOLA

Na perspectiva da *teoria do capital linguístico escolarmente rentável*, o fracasso na escola dos alunos provenientes das camadas populares é apenas mais uma faceta da dominação que essas camadas sofrem na sociedade como um todo, e atende aos interesses das classes favorecidas, pois colabora para a preservação de sua hegemonia. Nessa perspectiva, não é a escola – instituição a serviço das classes favorecidas – o campo em que se deve travar a luta contra o fracasso escolar das camadas populares: numa sociedade marcada pela divisão em grupos ou classes antagônicos, que se opõem em relações de força materiais e simbólicas, não há solução educacional para o problema do fracasso escolar; só a eliminação das discriminações e das desigualdades sociais e econômicas poderia garantir igualdade de condições de rendimento na escola. A solução estaria, pois, em transformações da estrutura social como um todo; transformações apenas na escola não passam de mistificação: não surtem efeito, e parecem mesmo ter o objetivo de apenas simular soluções, sendo, na verdade, um reforço da discriminação.

Assim, enquanto a teoria da deficiência linguística e a teoria das diferenças linguísticas oferecem propostas educacionais (educação compensatória ou bidialetalismo funcional) – porque ambas partem de uma concepção das relações entre educação e sociedade em que àquela se atribui a possibilidade e o poder de atuar como instrumento de integração do indivíduo numa estrutura social que não é questionada –, a teoria do capital linguístico escolarmente rentável nega essa possibilidade e poder de a educação ser instrumento de equalização social e de integração dos indivíduos numa sociedade cujo interesse é, ao contrário, manter as diferenças que, para isso, transforma em deficiências, às quais atribui, para isentar-se de responsabilidade, o fracasso escolar dos alunos provenientes das camadas populares.

NOTAS

[1] Em *A reprodução*. Ver "Bibliografia comentada".

[2] "A economia das trocas linguísticas", em Renato Ortiz (org.), *Pierre Bourdieu*, p. 163. Ver "Bibliografia comentada".

[3] "O que falar quer dizer", em Pierre Bourdieu, *Questões de Sociologia*, p. 87.

[4] "O mercado linguístico", op. cit., p. 98.

[5] "A economia das trocas linguísticas", op. cit., p. 166.

[6] *A reprodução*, op. cit., p. 128.

Que pode fazer
a escola?

AS RESPOSTAS DAS TRÊS TEORIAS

Cada uma das três teorias discutidas nos capítulos anteriores – teoria da deficiência linguística, teoria das diferenças linguísticas e teoria do capital linguístico escolarmente rentável – responde de forma diferente, como se viu, à pergunta que dá título a este capítulo. Entretanto, podem-se identificar algumas semelhanças e algumas diferenças entre as respostas que oferecem.

Num certo sentido – na concepção das relações entre educação e sociedade –, a teoria da deficiência linguística e a teoria das diferenças linguísticas identificam-se, como se viu no capítulo anterior: ambas atribuem à escola a função de adaptar o aluno à sociedade aceita *tal como ela é*, e considerada essencialmente justa. Sob esse ponto de vista, ambas opõem-se à teoria do capital linguístico escolarmente rentável que denuncia, sob a função atribuída à escola – a promoção da igualdade social –, sua verdadeira função: a preservação das discriminações sociais.

Num outro sentido, porém, semelhanças ocorrem entre a teoria das diferenças linguísticas e a teoria do capital linguístico escolarmente rentável que, então, opõem-se à teoria da deficiência linguística. Tanto a teoria das diferenças linguísticas quanto a teoria do capital linguístico escolarmente rentável fundamentam-se num estudo *descritivo* das diferenças de linguagem entre classes sociais: a primeira, tomando como objeto central de análise a própria linguagem e como fator explicativo as características do falante e de seu contexto; a segunda, tomando como objeto central de análise as relações de força materiais e simbólicas, na estrutura social de classes, consideradas determinantes de relações de força linguísticas. Trata-se, como se disse anteriormente, de diversidade de *foco*, na análise do problema, mas a atitude é sempre *descritiva*. Mesmo os conceitos de uma e outra teoria são, basicamente, os mesmos; a terminologia diferente para nomear esses conceitos explica-se unicamente pela diferença de *foco*: os termos *linguagem legítima, capital linguístico, mercado cultural, mercado linguístico*, próprios da teoria do capital linguístico escolarmente rentável, correspondem aos termos *variedade de prestígio, norma-padrão, competência, contexto cultural, contexto linguístico*, próprios da teoria das diferenças linguísticas.

Entretanto, a atitude descritiva, presente tanto na teoria das diferenças linguísticas quanto na teoria do capital linguístico escolarmente rentável, leva a uma diferente resposta à questão: que pode fazer a escola? A teoria das diferenças linguísticas, por fundamentar-se numa concepção das relações entre educação e sociedade na qual a escola é vista como instrumento de adaptação do aluno à sociedade, responde à questão com a proposta do bidialetalismo funcional; já a teoria do capital linguístico escolarmente rentável, por ter sua origem na análise dos determinantes sociais e econômicos da escola numa sociedade estratificada em classes, nega a possibilidade de soluções educacionais efetivas para o problema da discriminação das camadas populares, na escola.

A teoria da deficiência linguística diverge das outras duas por assumir uma atitude *prescritiva* diante das diferenças de linguagem entre classes sociais; às diferenças, chama deficiências, e propõe-se *corrigi-las*. Essa atitude prescritiva, que se origina de uma postura valorativa diante de variedades linguísticas, é cientificamente inadmissível, para a Sociolinguística e a Sociologia contemporâneas; por isso, a proposta educacional que dela decorre – a educação compensatória, sob suas diferentes formas – é, hoje, inaceitável, dada a inconsistência de seus pressupostos. Entretanto, enquanto crença na possibilidade de a escola eliminar a discriminação entre alunos de diferentes classes sociais, a teoria da deficiência linguística identifica-se com a teoria das diferenças linguísticas.

Em um ponto, porém, as três teorias concordam: as três afirmam a existência de uma distância entre a linguagem dos indivíduos pertencentes aos grupos social e economicamente privilegiados e a dos indivíduos pertencentes às camadas desfavorecidas, quer essa distância se traduza em *deficiência* de uma linguagem em relação à outra, quer em *diferenças* entre uma e outra, quer em *opressão* de uma sobre outra. Essa distância é que pode explicar aquilo que se tem considerado fracasso do ensino da língua materna na escola e, consequentemente, fracasso de crianças e jovens no uso da língua, o que vem sendo denunciado nos meios educacionais e intelectuais, e também na imprensa e em outros canais de comunicação: desde os anos 1970, quando se começou a reconhecer esse fracasso, à época considerado uma *crise no ensino da língua*, vem-se denunciando, no Brasil, o fracasso da escola em propiciar a todos o uso adequado da língua, tanto oral quanto escrita, o que se comprova periodicamente nos resultados de avaliações estaduais e nacionais.

FRACASSO DA ESCOLA

É significativo verificar que a crítica ao uso inadequado e deficiente da língua materna, atribuído ao fracasso da escola no ensino e aprendizagem da língua, tenha surgido, em todos os países em que tem sido denunciado esse fracasso, contemporaneamente à aceleração do processo de democratização do ensino. As razões dessa contemporaneidade são de fácil compreensão, à luz das teorias apresentadas nos capítulos anteriores.

O processo de democratização do ensino, resposta às reivindicações das camadas populares por mais amplas oportunidades educacionais, concretizou-se em crescimento quantitativo e diversificação do alunado. A escola, que até então se destinava apenas às camadas socialmente favorecidas, foi, dessa forma, conquistada pelas camadas populares. Ora, porque historicamente sua destinação eram as classes favorecidas, a escola sempre privilegiou – e, a despeito da democratização do ensino, continua a privilegiar – a cultura e a linguagem dessas classes que, como ficou claro nos capítulos anteriores, são diferentes da cultura e da linguagem das camadas desfavorecidas. Não se tendo reformulado para seus novos objetivos e sua nova função, *a escola* é que vem gerando o conflito, que é resultado de transformações *quantitativas* – maior número de alunos – e, sobretudo, *qualitativas* – distância cultural e linguística entre os alunos a que ela tradicionalmente vinha servindo e os novos alunos que conquistaram o direito de também serem por ela servidos. A escola não se reorganizou diante dessas transformações que nela vêm ocorrendo; nesse sentido, o fracasso dos alunos é, na verdade, um fracasso da instituição escolar.

Assim, o problema que hoje se coloca para a escola, em relação à linguagem, é o de definir o que pode ela fazer, diante do conflito linguístico que nela se cria, pela diferença existente entre a linguagem das camadas populares, as quais conquistam, cada vez mais, o direito de escolarização, e a linguagem que é instrumento e objetivo dessa escola, que é a linguagem das classes dominantes.

Os capítulos anteriores mostraram que duas respostas antagônicas têm sido dadas a esse problema; o antagonismo entre elas explica-se por uma divergência na concepção da sociedade em que o conflito linguístico ocorre: ou a sociedade é considerada fundamentalmente harmoniosa e justa, e nesse caso o conflito é apenas fruto de um desvio que pode e deve ser corrigido, ou é considerada fundamentalmente discriminadora e injusta, reforçando desigualdades, e, nesse caso, ela é que é responsável pelo conflito. Na primeira concepção, a escola é vista como *redentora*, instrumento de superação de distorções e desvios; na segunda, é vista como *impotente*, e, por isso, instrumento de preservação das distorções e dos desvios.

A ESCOLA REDENTORA

Para aqueles que não colocam em questão a sociedade tal como ela é, o conflito linguístico que ocorre na escola tem sua origem ou em *deficiências* de linguagem (teoria da deficiência linguística) ou em *diferenças* de linguagem entre alunos de origem social diversa (teoria das diferenças linguísticas). Em ambos os casos, a escola tem, como já se viu nos capítulos anteriores dedicados a essas teorias, um papel "redentor" a desempenhar, isto é, o papel de "libertar" o aluno de sua "marginalidade" linguística. Na primeira perspectiva, ela assume que pode e deve promover a *erradicação* das "deficiências" linguísticas, através de programas de educação compensatória ou de uma metodologia de ensino da língua em que o aluno é *corrigido*, para que *substitua* sua linguagem "deficiente" pela linguagem "correta", e assim se integre à sociedade *tal como ela é*. Na segunda perspectiva, a escola, reconhecendo a existência de *diferenças* e não de "deficiências" linguísticas, assume que pode e deve promover a *aquisição* da linguagem socialmente prestigiada, para que, através de um bidialetalismo funcional, o aluno possa *adaptar-se* às exigências da sociedade tal como ela é.

Embora a teoria da deficiência linguística, em que se insere a primeira perspectiva, já tenha perdido totalmente sua sustentação, tanto do ponto de vista científico – desde que a Antropologia e a Sociolinguística contestaram, de forma irrefutável, os conceitos de "deficiência" cultural e linguística – quanto do ponto de vista prático – graças ao fracasso comprovado dos muitos e variados programas de educação compensatória e ao insucesso inegável de metodologias de "substituição" de um dialeto por outro –, é ainda essa teoria e a concepção de sociedade em que se fundamenta que vêm, consciente ou inconscientemente, informando a prática pedagógica no ensino da língua materna no Brasil.

No quadro em que se insere a segunda perspectiva – a teoria das diferenças linguísticas –, a proposta de um bidialetalismo funcional vem sendo tentada há décadas nos Estados Unidos, na educação das minorias étnicas, algumas vezes como um bilinguismo, mais que como um bidialetalismo, como no caso da coexistência do inglês e do espanhol na educação dos latino-americanos. No Brasil, é uma proposta que apenas começa a despontar e ainda de difícil concretização, uma vez que depende de estudos e pesquisas sobre os falares populares, e também sobre as variedades cultas, ainda em desenvolvimento. Há já pesquisas sociolinguísticas sobre vários aspectos das variedades populares, mas muitas outras ainda são necessárias, para que se possa chegar a uma descrição suficientemente ampla dessas variedades, sem a qual a construção de uma metodologia de ensino para um bidialetalismo funcional se torna difícil. Sobre as variedades cultas, o Projeto Nurc (ver verbete **norma-padrão**, no "Glossário") identificou e vem analisando a linguagem usada por *falantes cultos*, de que poderá resultar, no futuro, uma sistematização que se concretize em uma "gramática" das variedades cultas brasileiras (de que já se aproximam as gramáticas do *português brasileiro* publicadas nos últimos anos).

O mais grave, entretanto, é que a teoria das diferenças linguísticas, em oposição à teoria da deficiência linguística, ainda não é suficientemente conhecida e assimilada pelos professores, de modo que o preconceito contra as variedades linguísticas que se afastam de variedades de prestígio está, em geral, tão profundamente internalizado neles que impede uma compreensão adequada dos problemas de linguagem com que as camadas populares se defrontam na escola, compreensão de que poderiam resultar tentativas metodológicas fundamentadas em princípios linguísticos e sociolinguísticos, que as tornariam menos preconceituosas e mais eficazes.

Entretanto, aqueles que veem a escola como *impotente* diante do conflito que nela ocorre entre a linguagem de alunos de diferentes origens sociais questionam as propostas pedagógicas tanto da teoria da deficiência linguística quanto da teoria das diferenças linguísticas, não por sua ineficácia ou pela dificuldade de sua concretização, mas pela concepção de sociedade e das relações entre educação e sociedade em que se fundamentam.

A ESCOLA IMPOTENTE

As propostas pedagógicas fundamentadas na teoria da deficiência linguística e na teoria das diferenças linguísticas veem os grupos sociais como um *continuum*, evoluindo da pobreza à riqueza, através do processo da "ascensão social". Nessa perspectiva (em que a estrutura social não é posta em questão, já que não lhe é atribuída a responsabilidade pela desigual distribuição da riqueza e dos privilégios) é que a escola é vista como *redentora*, o mais importante instrumento para a conquista de melhores condições econômicas e sociais.

A perspectiva crítica da sociedade capitalista de que tratou o capítulo anterior vê, ao contrário, os grupos sociais não como um *continuum*, mas divididos em classes antagônicas, discriminadas econômica e socialmente pelo modo de produção capitalista. Nessa perspectiva, a estrutura social capitalista é que é responsável pelas desigualdades na distribuição da riqueza e dos privilégios, e, para que se mantenha, é necessário que essa distribuição desigual seja preservada e reproduzida. Assim, a escola, modelada segundo as relações econômicas e sociais da sociedade capitalista, nada pode fazer contra as desigualdades: é e será *impotente* enquanto perdurar a estrutura de discriminações econômicas e sociais que são geradas *fora* dela. Mais que impotente, a escola, nessa perspectiva, chega a ser *perversa*, porque, na verdade, *colabora* para a preservação dessas discriminações econômicas e sociais: legitima os privilégios, pelas condições de sucesso que oferece às classes favorecidas, e legitima a marginalidade, através do fracasso a que conduz as camadas populares, negando a elas condições

112 • Linguagem e escola

de sucesso. Na área da linguagem, a escola, ao negar às camadas populares o uso de sua própria linguagem (que censura e rejeita), ao mesmo tempo que fracassa em levá-las ao domínio da linguagem de prestígio, está cumprindo seu papel de manter as discriminações e a marginalização e, portanto, de reproduzir as desigualdades.

Segundo Bourdieu, autor que mais clara e sistematicamente formulou essa teoria da *escola reprodutora*, ainda que uma escola ou um professor desejem romper com o papel que desempenham na sociedade de classes, não o podem fazer. Por exemplo: um professor de língua que tente mudar, em sua sala de aula, as leis de aceitabilidade que regem o mercado linguístico, desprezando o prestígio atribuído à variedade linguística socialmente privilegiada e aceitando, sem preconceitos, as variedades socialmente estigmatizadas, criará, forçosamente, contradições e dificuldades, pois, fora da escola, as leis da aceitabilidade continuarão a exercer sua função de discriminação. Bourdieu propõe as seguintes questões, que, na verdade, são afirmações:

> Pode-se modificar a língua no sistema escolar sem modificar todas as leis que definem o valor dos produtos linguísticos das diferentes classes no mercado? Sem modificar as relações de dominação na ordem linguística, isto é, sem modificar as relações de dominação?[1]

A resposta, implícita nas perguntas, é que não se pode esperar da escola a modificação das relações de dominação linguística, que são espelho das relações de dominação econômica e social: a escola é *impotente*, e a solução dos problemas de discriminação de classes sociais que nela ocorrem (entre estes, os problemas linguísticos) está *fora* dela e só ocorrerá com a modificação das relações de dominação econômica e social.

Essa concepção da escola totalmente determinada pela estrutura social e impotente diante das desigualdades que, na verdade, ajuda a manter, é criticada por aqueles que, ao contrário, a veem articulada com os processos de transformação social, gerados pelas relações de contradição que caracterizam uma sociedade de classes. Essas relações de contradição, presentes também na escola, podem torná-la uma instância que colabore com o progresso em direção à igualdade social e econômica: nem *redentora*, nem *impotente*, mas uma escola *progressista*, ou uma *escola transformadora*.[2]

POR UMA ESCOLA TRANSFORMADORA

As relações de dominação social e política que caracterizam uma sociedade de classes geram antagonismos e contradições, que constituem o germe da transformação social. Na escola, espelho da sociedade, estão presentes esses mesmos antagonismos e contradições, e por isso é que ela, não podendo ser *redentora*, também não é *impotente*: os antagonismos e as contradições levam-na a ser, apesar de determinada pela estrutura social em que se insere, um espaço de atuação de forças progressistas, isto é, de forças que a impelem em direção à transformação social, pela superação das desigualdades sociais e promoção de *equidade*, isto é: reconhecendo a diversidade linguística e cultural dos desiguais, conduza à *igualdade de resultados* – ações não iguais, mas *justas*. E é assim que as camadas populares a veem: reivindicam o direito de acesso à escola porque reconhecem que os conhecimentos e as habilidades de que as classes privilegiadas mantêm o monopólio são indispensáveis como instrumentos de luta contra as desigualdades econômicas e sociais e de conquista de equidade.

Nesse sentido, a escola é muito mais importante para as camadas populares que para as classes privilegiadas. Para estas, ela tem, sobretudo, a função de legitimar privilégios já garantidos pela origem de classe; para as camadas populares, a escola é a instância em que podem ser adquiridos os instrumentos necessários à luta contra a desigual distribuição desses privilégios.

Assim, o que a escola comprometida com a luta contra as desigualdades pode fazer é vitalizar e direcionar adequadamente as forças progressistas nela presentes e garantir às camadas populares a aquisição dos conhecimentos e habilidades que as instrumentalizem para a participação no processo de transformação social. Uma escola transformadora é, pois, uma escola consciente de seu papel político na luta contra as desigualdades sociais e econômicas, e que, por isso, assume a função de proporcionar às camadas populares, através de um ensino eficiente, os instrumentos que lhes permitam conquistar mais amplas condições de participação cultural e política e de reivindicação social.

Entre esses instrumentos, avulta como fundamental o domínio da variedade de prestígio, ou, nos termos da economia das trocas linguísticas, do capital linguístico socialmente rentável, pois o exercício da dominação e a preservação dos privilégios se dão através do monopólio, pelas classes favorecidas, não só dos bens materiais, mas também desse capital linguístico socialmente rentável e do capital cultural a que só esse capital linguístico dá acesso. Por isso, a aquisição, pelas camadas populares, da variedade de prestígio é o meio de retirar do controle exclusivo das classes favorecidas um de seus principais instrumentos de dominação e de discriminação e fazer dele um instrumento também das camadas populares. Estas disporão, assim, de igualdade de condições de uso da linguagem considerada legítima e de acesso ao capital cultural considerado legítimo, para sua luta por maior participação política e mais justa distribuição da riqueza e dos privilégios.

A proposta pedagógica de uma escola transformadora, na área da linguagem, aproxima-se, pois, da proposta do bidialetalismo, sugerida pela teoria das diferenças linguísticas: nas duas propostas, identificam-se diferenças entre variedades de prestígio e variedades populares, e rejeita-se a qualificação destas como "deficientes"; nas duas propostas, reconhece-se a necessidade de que as camadas populares adquiram o domínio de variedade de prestígio, não para que ela substitua a sua variedade de classe, mas para que se acrescente a ela, como mais um instrumento de comunicação. Entretanto, há diferenças fundamentais nos pressupostos ideológicos de um bidialetalismo, numa e noutra proposta.

Em primeiro lugar, uma escola transformadora não aceita a rejeição da linguagem dos alunos pertencentes às camadas populares, não apenas por ela ser tão expressiva e lógica quanto a linguagem de prestígio (argumento em que se fundamenta a proposta da teoria das diferenças linguísticas), mas também, e sobretudo, porque essa rejeição teria um caráter político inaceitável, pois significaria uma rejeição *da classe social*, através da rejeição de sua linguagem.

Em segundo lugar, uma escola transformadora atribui ao bidialetalismo a função não de *adaptação* do aluno às exigências da estrutura social, como faz a teoria das diferenças linguísticas, mas a de *instrumentalização* do aluno, para que adquira condições de participação na luta contra as desigualdades inerentes a essa estrutura.

Em outras palavras: na base de uma mesma proposta – a de um bidialetalismo – estão *diferentes razões* para o respeito às variedades populares e a aceitação de sua utilização, na escola e fora dela, e *diferentes objetivos* atribuídos à aprendizagem, pelas camadas populares, de variedade de prestígio. O mesmo bidialetalismo é ou a proposta de uma escola *redentora*, que pretende adaptar o aluno a uma sociedade que não é posta em questão, ou a proposta de uma escola *transformadora*, que pretende contribuir para a transformação de uma sociedade posta em questão.

A proposta pedagógica de uma escola transformadora incorpora, como quadro referencial, a análise sociológica das relações entre escola e sociedade e do papel da linguagem no contexto dessas relações (capítulo "Na escola, diferença é deficiência"); toma como pressuposto a teoria das diferenças linguísticas (capítulo "Diferença não é deficiência"), não abandonando, também, algumas contribuições valiosas da teoria da deficiência linguística (capítulo "Deficiência linguística?") para a identificação de diferenças entre variedades de prestígio e variedades estigmatizadas (por exemplo, as relações entre processos de socialização, linguagem e visão do mundo, como são estudadas por Bernstein e outros sociólogos da linguagem). Em outras palavras: a proposta pedagógica de uma escola transformadora busca articular conhecimentos produzidos no quadro de cada uma das três teorias – teoria da deficiência linguística, teoria das diferenças linguísticas e teoria do capital linguístico rentável –, reconhecendo, no aparente conflito entre elas, um movimento dialético: a segunda nega o que afirma a primeira, e a terceira nega a negação da segunda (é esse movimento dialético que está expresso nos títulos dos capítulos: "Deficiência linguística?", "Diferença não é deficiência", "Na escola, diferença é deficiência").

O mais importante, porém, é que, numa escola transformadora, a articulação de conhecimentos produzidos por diferentes teorias se faz a partir de uma concepção política da escola, vista como espaço de atuação de forças que podem levá-la a contribuir na luta por transformações sociais. A proposta de um bidialetalismo, que resulta dessa articulação, não se identifica, pois, com a proposta do bidialetalismo funcional que resulta da teoria das diferenças linguísticas, porque os pressupostos ideológicos de uma e outra são diversos: a escola transformadora propõe não um bidialetalismo *funcional*, mas um bidialetalismo *para a transformação*.

UM BIDIALETALISMO PARA A TRANSFORMAÇÃO

Os efeitos, na escola, das relações entre linguagem e classe social não se restringem à área do ensino da língua materna. Sendo a língua o principal instrumento de ensino e de aprendizagem na escola, em todas as disciplinas e em todas as atividades, a compreensão dessas relações e de suas implicações para a comunicação pedagógica é imprescindível a todos os professores e, também, a todos os especialistas que atuam na instituição (diretores, supervisores, orientadores). O bidialetalismo que uma escola transformadora sugere não é, por isso, uma proposta apenas para o ensino da língua materna, mas para todas as atividades escolares em que a língua é o instrumento básico de comunicação – e estas constituem a quase totalidade das atividades da escola. Nessas atividades, a comunicação pedagógica se dá segundo uma "economia" (relembre-se o tópico *economia das trocas linguísticas*, no capítulo "Na escola, diferença é deficiência"), cujo conhecimento e compreensão podem permitir mantê-la sob controle.

Além disso, como já se disse, as diferenças linguísticas refletem e expressam diferenças culturais (capítulo "Diferença não é deficiência"); ora, se uma escola transformadora pretende, através de suas disciplinas e atividades, levar o aluno das camadas populares à aquisição do *capital cultural* (isto é, da cultura considerada legítima), a fim de assim instrumentalizá-lo para uma mais ampla participação política, na luta contra as desigualdades, ela não pode deixar de considerar a distância que separa esse capital cultural da cultura do aluno, e, como decorrência e reflexo disso, a distância que separa a linguagem "legítima" da linguagem do aluno. No ensino da Geografia, da História, das Ciências, da Matemática, a questão linguística é fundamental, sobretudo em seus aspectos semânticos e nas relações entre linguagem e pensamento, que parece não ocorrerem segundo a mesma lógica, em diferentes classes sociais, como mostra Bernstein.

Entretanto, as relações entre linguagem e classe social são particularmente importantes para o ensino da língua materna, sobretudo nas escolas que servem às camadas populares – as escolas públicas. As teorias discutidas nos capítulos anteriores, embora contraditórias em vários aspectos, levam necessaria- mente – em decorrência daquilo que é comum entre elas e verdadeiro em cada uma – a uma mesma conclusão: as relações entre linguagem e classe social têm, forçosamente, de estar presentes, numa escola transformadora, na definição dos obje- tivos do ensino da língua materna, na seleção e organização do conteúdo, na escolha de métodos e procedimentos de ensino e na determinação de critérios de avaliação da aprendizagem.

Em geral, porém, a importância das relações entre lin- guagem e classe social não tem sido reconhecida, na área do ensino da Língua Portuguesa no Brasil, nem têm exer- cido influência sobre esse ensino os conhecimentos que a Sociolinguística e a Sociologia vêm produzindo, a respeito dessas relações. É que o ensino de língua materna, entre nós, vincula-se quase sempre a uma pedagogia conservadora, que vê a escola como instituição independente das condições so- ciais e econômicas, espaço de neutralidade, de que estariam ausentes os antagonismos e as contradições de uma socie- dade dividida em classes. Na verdade, é uma escola que se põe a serviço dessa sociedade, quando, no ensino da língua materna, elege variedades de prestígio, a que só têm acesso as classes favorecidas, como a língua legítima, que usa e quer ver usada. A consequência é que, como já se disse anteriormente, é a teoria da deficiência linguística, naqueles aspectos em que menos crédito merece, que continua fundamentando a prática pedagógica no ensino da língua materna, entre nós: uma prática pedagógica que julga a linguagem do aluno como *errada*, *pobre*, porque a avalia segundo a distância que a separa da linguagem de prestígio, considerada a linguagem *certa*, *rica*; que desconhece a legitimidade de todas as demais variedades linguísticas, que censura e estigmatiza; que, por isso, se propõe a substituir a variedade que o aluno domina, em decorrência de sua socialização em determinado grupo social, por variedade de prestígio, e tenta fazê-lo sem levar em conta as diferenças não só linguísticas, mas também culturais, sociais e econômicas que separam os falantes de variedades de prestígio dos falantes de variedades estigmatizadas; enfim, uma prática pedagógica que ignora as múltiplas determinações – econômicas, sociais, culturais, políticas, ideológicas – de que a escola e as variedades linguísticas são produto.

Certamente, cabe a essa prática pedagógica grande parte da responsabilidade pelo fracasso das camadas populares na escola. Pense-se, por exemplo, no problema da alfabetização, reiterado fracasso na educação brasileira: não há como não fracassar um processo de alfabetização que procura levar a criança à aprendizagem da língua escrita sem considerar a distância que separa essa língua não só de variedades cultas orais, que a língua escrita em geral representa, mas, sobretudo, da variedade oral que o aluno domina, e sem considerar que essa distância é não só linguística, mas também cultural.

O conhecimento – recente, mas já significativo – das relações entre linguagem e classe social e o reconhecimento dos aspectos políticos e ideológicos dessas relações, numa sociedade de classes, apontam para um ensino da língua materna radicalmente diferente. Nesse sentido, as teorias discutidas nos capítulos anteriores têm uma grande contribuição a dar; embora sejam, em vários aspectos, antagônicas, nenhuma delas pode ser totalmente negada, como já se disse anteriormente, porque cada uma, à sua maneira, vem produzindo conhecimentos sobre as relações entre linguagem e classe social que não podem deixar de informar o ensino da língua materna, na escola.

Em primeiro lugar, a análise sociológica das relações entre escola e sociedade e das relações linguísticas numa sociedade de classes e numa escola que serve a essa sociedade, apresentada no capítulo "Na escola, diferença é deficiência", mostra ser inadmissível deixar de vincular o ensino da língua materna às condições sociais e econômicas de uma sociedade dividida em classes. É também essa vinculação que desvenda, nas situações de comunicação pedagógica, as relações de força linguísticas, reflexo das relações de força sociais e econômicas.

Um ensino da língua materna comprometido com a luta contra as desigualdades sociais e econômicas reconhece, no quadro dessas relações entre a escola e a sociedade, o direito que têm as camadas populares de apropriar-se da linguagem de prestígio, e fixa-se como objetivo levar os alunos pertencentes a essas camadas a dominá-la, não para que se adaptem às exigências de uma sociedade que divide e discrimina, mas para que adquiram um instrumento fundamental para a participação política e a luta contra as desigualdades sociais. Um ensino de língua materna que pretenda caminhar na direção desse objetivo tem de partir da compreensão das condições sociais e econômicas que explicam o prestígio atribuído a determinadas variedades linguísticas em detrimento de outras, tem de levar o aluno a perceber o lugar que ocupa a sua linguagem na estrutura de relações sociais, econômicas e linguísticas, e a compreender as razões por que essa linguagem é socialmente estigmatizada; tem de apresentar as razões para levar o aluno a aprender uma linguagem que não é a do seu grupo social e propor-lhe um bidialetalismo não para sua adaptação, mas para a transformação de suas condições de marginalidade.

Em segundo lugar, é a análise sociolinguística, apresentada no capítulo "Diferença não é deficiência", que tem levado à identificação das diferenças entre variedades linguísticas, necessária à construção de uma metodologia de ensino que, a partir dos contrastes entre variedade estigmatizada e variedade de prestígio, possa conduzir eficazmente ao domínio desta; é, nesse sentido, grande a contribuição da teoria das diferenças linguísticas para uma reformulação do ensino da língua materna.

Em terceiro lugar, não se pode negar também que alguns estudos desenvolvidos no quadro da teoria da deficiência linguística podem contribuir para essa reformulação: os estudos de Bernstein e de pesquisadores que partem de sua teoria têm apontado importantes relações entre linguagem e socialização, em diferentes classes sociais; os estudos de psicólogos e psicolinguistas têm lançado alguma luz sobre as relações entre variedades linguísticas e desenvolvimento cognitivo.

É na articulação desses conhecimentos produzidos por diferentes teorias, em diferentes campos – Linguística e Sociolinguística, Sociologia e Sociologia da Linguagem, Psicologia e Psicolinguística –, que se deve fundamentar um ensino da língua materna que se incorpore ao processo de transformações sociais, em direção a uma sociedade mais justa.

Entretanto, para que esses conhecimentos venham a transformar, realmente, o ensino da língua, é fundamental que a escola e os professores compreendam que ensinar *por meio da língua* e, principalmente, ensinar *a língua* são tarefas não só técnicas, mas também políticas. Quando teorias sobre as relações entre linguagem e classe social são escolhidas para fundamentar e orientar a prática pedagógica, a opção que se está fazendo não é, apenas, uma opção *técnica*, em busca de uma competência que lute contra o fracasso *na* escola, que, na verdade, é o fracasso *da* escola, mas é, sobretudo, uma opção *política*, que expressa um compromisso com a luta contra as discriminações e as desigualdades sociais.

NOTAS

[1] "A economia das trocas linguísticas", op. cit., p. 79. Ver "Bibliografia comentada".
[2] Cf. Georges Snyders, *Escola, classe e luta de classes*. Ver "Bibliografia comentada".

Glossário

Bidialetalismo – o termo foi criado, na Sociolinguística, por analogia com *bilinguismo*, que designa a capacidade de falar duas línguas (a capacidade de falar três línguas ou mais caracteriza-se como *multilinguismo*). *Bilinguismo* é característica de pessoa capaz de falar, além de sua língua materna, uma outra língua, em geral uma língua internacional (como o inglês, atualmente); é também característica de uma comunidade em que falantes utilizam, alternativamente, duas línguas, como em países em que convivem línguas diferentes (por exemplo, na Espanha, a coexistência do catalão e do espanhol), ou em grupos de imigrantes que continuam a usar, entre si, a língua de seu país de origem (exemplo: latino-americanos, nos Estados Unidos, imigrantes alemães ou italianos, no Brasil). Já *bidialetalismo* designa a situação linguística em que

126 • Linguagem e escola

os falantes utilizam, alternativamente, segundo as situações e os objetivos da comunicação, duas variedades sociais diferentes, designadas, nesta palavra, por *dialetos,* em referência a *dialetos sociais,* também chamados *socioletos.* Embora neste livro reserve-se a palavra *dialeto* para designar apenas variedades linguísticas regionais – ver o verbete *dialeto* –, manteve-se o termo *bidialetalismo* para designar a capacidade que falantes de uma variedade estigmatizada adquirem para usar a variedade de prestígio, ou em situações em que esta é exigida, como discutido no capítulo "Diferença não é deficiência", ou para fins de com ela lutar contra as desigualdades sociais, como discutido no último capítulo deste livro, no qual se propõe a diferença entre um bidialetalismo *funcional* e um bidialetalismo *para a transformação.* Também falantes de variedade de prestígio costumam usar variedade estigmatizada em situações em que pretendam diminuir a distância social que os separa de falantes de variedades estigmatizadas, como mencionado no capítulo "Na escola, diferença é deficiência" – ver os verbetes *hipocorreção* e *hipercorreção.*

Camadas populares/camadas desfavorecidas – a palavra *camada*, quando empregada para designar grupos sociais, significa um conjunto particular de indivíduos que não constitui um elemento estrutural independente da sociedade, mas se caracteriza por condições sociais e econômicas semelhantes. Os indivíduos ou grupos de indivíduos que constituem uma *camada* podem pertencer a uma ou mais de uma classe social. Segundo o critério de estratificação social da população brasileira por renda familiar, utilizado pelo IBGE (ver verbete *classes sociais*), pode-se considerar que as camadas populares agregam famílias das classes D e E, em que a renda mensal familiar é de até 3 salários mínimos (em 2015, quando o valor do salário mínimo era de R$788,00, a renda mensal familiar das classes D e E era de até R$2.364,00). De acordo com esse critério, as camadas populares constituíam, em 2015, mais que a metade da população economicamente ativa: 66%. Utilizando-se o Critério Brasil de Classificação Econômica (ver verbete *classes sociais*), pode-se considerar que as camadas populares agregam famílias das classes C2 e D-E, caracterizadas, além de pelo nível da renda mensal, também por condições desfavoráveis em relação a posse de bens, acesso a serviços públicos, grau de instrução do chefe da família, composição familiar, região de domicílio. Segundo estimativa do Critério Brasil, em 2015, famílias das classes C2 e D-E constituiriam cerca de 50% da população brasileira. Assim, o Critério Brasil é mais abrangente, considerando não só renda mensal, mas também condições sociais, culturais, educacionais. A expressão *camadas desfavorecidas* é um sinônimo da expressão *camadas populares*, com a diferença de que os adjetivos que qualificam o substantivo *camadas* põem, em cada expressão, o foco em diferentes características. Na expressão *camadas populares*, o adjetivo *populares* é derivado do substantivo *povo*, que tem, neste caso, o sentido de "conjunto de pessoas que pertencem às classes mais pobres", ou seja, o adjetivo qualifica as *camadas* pelo critério de renda; em *camadas desfavorecidas*, o adjetivo *desfavorecidas* é antônimo de *favorecidas*, que por sua vez deriva de *favor*, substantivo que tem, neste caso, o sentido de "vantagem, benefício", ou seja, o adjetivo qualifica as *camadas* pelo critério da privação de bens, de benefícios, de adequadas condições econômicas, sociais, culturais (ver o verbete *camadas privilegiadas/camadas favorecidas*).

Camadas privilegiadas/camadas favorecidas – a expressão *camadas privilegiadas* e a expressão sinônima *camadas favorecidas* designam as classes que se situam no alto da hierarquia econômica e social, na organização estratificada das sociedades capitalistas, e por isso gozam de *privilégios*, de *favores*, de vantagens e regalias, em relação às *camadas populares* ou *camadas desfavorecidas* (ver esses verbetes). Segundo o critério do IBGE para a definição das classes sociais (ver o verbete *classes sociais*), pode-se considerar que as camadas privilegiadas ou favorecidas reúnem famílias das classes A e B, com renda mensal acima de 10 salários mínimos, podendo chegar a mais de 20 salários mínimos; segundo o Critério Brasil de Classificação Econômica (ver verbete *classes sociais*), pode-se considerar que as camadas privilegiadas ou favorecidas agregam famílias das classes A e B1, caracterizadas por alto nível de renda mensal e condições de privilégio em relação a posse de bens, acesso a serviços públicos, possibilidades educacionais, oportunidades culturais, entre outras. No Brasil, a diferença, portanto a desigualdade, é grande entre as camadas populares e as camadas privilegiadas. Dados do IBGE revelam que, em 2012, os 10% da população que possuíam a maior renda *per capita* concentravam 42% da renda *per capita* total do país, enquanto os 10% com menores rendimentos se apropriavam de apenas 1% da renda total. Segundo ainda o IBGE, nesse mesmo ano de 2012, a divisão do rendimento dos 10% mais ricos pelo rendimento dos 40% mais pobres mostra que os primeiros tinham um rendimento médio 12,6 vezes superior ao rendimento dos segundos. Dados de anos anteriores evidenciam que essa diferença de renda vem diminuindo, mas não o suficiente para alterar de forma significativa a desigualdade; como exemplo de uma variação apenas relativa ao longo dos últimos anos, os 10% mais ricos concentravam, em 2008, 43,6% da renda *per capita* total do país; em 2013, 41,9% – uma variação pouco significativa, em termos de diminuição da desigualdade entre estratos da população brasileira.

Classe média – a expressão *classe média*, também usada no plural, *classes médias*, ou ainda *camadas médias,* designa grupos sociais que se situam entre os polos de classes em oposição: entre as *camadas populares* ou *desfavorecidas* e as *camadas privilegiadas* ou *favorecidas* (ver esses verbetes). Não há uma identidade socioeconômica e cultural muito clara para essas camadas intermediárias reunidas sob a denominação de *classe média*, cuja heterogeneidade é reconhecida na divisão dela, que se costuma fazer, em três estratos: *média baixa, média média* e *média alta.* Pelo critério econômico, isto é, considerando a renda mensal familiar, utilizado pelo IBGE (ver verbete *classes sociais*) – as camadas médias compõem a classe C, com renda mensal familiar de 3 a 5 salários mínimos, o que significava em 2015, quando o valor do salário mínimo era de R$788,00, uma renda mensal familiar entre R$2.364,00 e R$3.940,00. Pelo Critério Brasil de Classificação Econômica (ver verbete *classes sociais*), pode-se considerar que a classe média agrega famílias das classes B2 e C1, caracterizadas pelo nível de renda mensal, e ainda por condições relativas a posse de bens, acesso a serviços públicos, grau de instrução do chefe da família, composição familiar, região de domicílio. Segundo estimativa do Critério Brasil, em 2015, famílias das classes B2 e C1 constituam cerca de 40% da população brasileira.

130 • Linguagem e escola

Neste livro, a expressão *classe média* só foi usada na apresentação do pensamento de Bernstein (capítulo "Deficiência linguística?") e de Labov (capítulo "Diferença não é deficiência"), a fim de guardar fidelidade à terminologia que esses autores adotaram, comum na categorização em classes na bibliografia de língua inglesa: *classe média* (*middle-class*) e *classe trabalhadora* (*working-class*). Entretanto, a maneira como ambos trabalham esses conceitos e o próprio fato de os apresentarem dicotomicamente não deixam dúvidas de que se estão referindo às classes em oposição que, ao longo de todo este livro, foram designadas como camadas favorecidas/camadas privilegiadas e camadas populares/camadas desfavorecidas.

Classes sociais – a expressão *classe social* tem sido conceituada de várias maneiras, por diferentes correntes de pensamento; esses diferentes conceitos partem, porém, de uma mesma base: o reconhecimento da existência, na sociedade, de grupos que se diferenciam e, em decorrência dessas diferenças, ocupam diferentes lugares na estrutura social. O conceito supõe, portanto, distâncias e desigualdades entre grupos. A caracterização dessas distâncias e desigualdades depende dos critérios escolhidos para designar como *classe* determinado grupo social. No pensamento de base marxista, prevalece o critério econômico, segundo o qual uma classe social é definida por sua relação com o processo de produção: no modo de produção escravista, há amos e escravos; no modo de produção feudal, há senhores e servos; no modo de produção capitalista, há patrões e operários. Ou seja: de um lado, há os que possuem os meios de produção ou detêm o controle deles; de outro lado, há os que só possuem a sua própria força de trabalho; os primeiros constituem as *classes dominantes*, que se apropriam do trabalho dos segundos, que constituem as *classes dominadas*. Na época moderna, com a progressiva complexidade econômica que resultou da industrialização e da instauração do capitalismo, e ainda com a implantação e desenvolvimento de aparatos políticos e jurídicos, com a crescente disponibilidade de bens culturais, de possibilidades educacionais, novos conceitos de classe social surgiram, resultando no reconhecimento de níveis intermediários entre os dois polos extremos da concepção marxista – classes dominantes e classes dominadas. Assim, para fins de pesquisa, o IBGE tem utilizado o critério econômico, mas incorpora esses níveis intermediários, definidos pela renda mensal das famílias, e classifica a população brasileira em cinco classes sociais: classe A, agregando famílias com renda mensal de mais de 15 salários mínimos; classe B, renda mensal de 5 a 15 salários mínimos; classe C, renda mensal de 3 a 5 salários mínimos; classe D, renda mensal de 1 a 3 salários mínimos; classe E, renda mensal de até 1 salário mínimo. O Critério Brasil de Classificação Econômica, utilizado pela Associação Brasileira de Empresas de Pesquisa (ABEP), acrescenta, aos dados de renda familiar computados pelo IBGE, outras variáveis que permitem caracterizar de forma mais precisa as classes sociais: a posse de bens (eletrodomésticos e eletroeletrônicos, veículos), o acesso a serviços públicos (água encanada e rua pavimentada), o grau de instrução do chefe da família, a composição familiar (a quantidade de adultos e de menores de 18 anos que compõem a família, já que famílias que se igualam socioeconomicamente podem estar em estratos diferentes dependendo do número de pessoas que dividem a renda mensal), a região em que o domicílio está localizado (considerando que o custo de vida varia conforme a região). Partindo da renda fa-

132 • Linguagem e escola

miliar e atribuindo pontos a essas outras variáveis, a ABEP classifica a população brasileira em seis estratos socioeconômicos: A, B1, B2, C1, C2, D-E (ver os verbetes *camadas populares/camadas desfavorecidas, camadas privilegiadas/camadas favorecidas, classe média*).

Dialeto – toda língua é um conjunto de modos de falar diferentes: um conjunto de *variedades linguísticas* (ver o verbete). *Dialeto* é o termo que designa um determinado tipo de variedade linguística: o modo de falar a língua em determinado lugar geográfico (região, estado, zona rural, zona urbana etc.). Assim, uma língua pode ser composta de vários dialetos, que se diferenciam por *variações fônicas* – diferenças na pronúncia de palavras, no ritmo e na melodia das frases, o que comumente se designa como *sotaque*; por *variações léxicas* – diferenças no vocabulário, um mesmo objeto ou ser recebendo nomes diferentes em diferentes lugares (por exemplo, uma mesma fruta sendo chamada, em diferentes lugares, de *mexerica, bergamota, tangerina, laranja-cravo,* ou um mesmo brinquedo sendo chamado, em diferentes lugares, de *pipa, papagaio, pandorga, arraia*); por *variações morfossintáticas* – diferenças nas relações entre elementos das frases (por exemplo, a variação no uso do pronome de segunda pessoa – *tu* em alguns dialetos, *você* em outros; a eliminação da terminação -s na conjugação verbal em dialetos que usam *tu* como segunda pessoa etc.). O termo *dialeto* é às vezes usado em sentido mais amplo, designando-se também como *dialetos* as variedades que identificam modos de falar relacionados com fatores sociais. Neste livro, preferiu-se denominar essas variedades como *variedades sociais* (ver verbete).

Fracasso escolar – por fracasso escolar deve-se entender tanto fracasso *na* escola quanto fracasso *da* escola. A expressão *fracasso na escola* põe o foco nos alunos, em seu insucesso no processo de escolarização. Considerando dados de 2014, apresentados no *Anuário Brasileiro da Educação Básica 2016*, verificam-se, entre outras variáveis reveladoras do fracasso *na* escola: taxas relativamente altas de *reprovação* no ensino fundamental (quase sempre acima de 10%), e de *reprovação e abandono* no ensino médio (quase 20% dos jovens matriculados nessa etapa são reprovados ou abandonam a escola); *fluxo* irregular, com defasagem de mais de dois anos entre a idade adequada e o ano que o aluno está cursando, tanto no ensino fundamental quanto no ensino médio, o que indica alunos retidos por reprovação; baixa *taxa de conclusão* na idade prevista (em 2014, apenas 73,7% dos jovens de até 16 anos tinham concluído o ensino fundamental, e apenas 56,7% de jovens de 19 anos tinham concluído o ensino médio); baixo *nível de alfabetização* no 3º ano do ensino fundamental, com os alunos tendo alcançado apenas 44% de proficiência em leitura e apenas 65% de proficiência em escrita, segundo resultados da Avaliação Nacional da Alfabetização (ANA) realizada em 2014; *baixo nível de proficiência em língua portuguesa e matemática*, segundo resultados da Prova Brasil 2013 (no ensino fundamental, acima do nível considerado adequado em língua portuguesa, apenas 40,5% de alunos do 5º ano, 24% dos alunos do 9º ano e, no ensino médio, não mais que 21,5% do 3º ano; considerando os resultados em matemática, no ensino fundamental, acima do nível considerado adequado, apenas 35% de alunos do 5º ano, apenas 11,3% de alunos do 9º ano e, no ensino médio, não mais que 5% de alunos).

Grande parte desse fracasso de crianças e jovens *na* escola é consequência do fracasso *da* escola brasileira, resultante de políticas públicas ausentes ou ineficientes. Dados do *Anuário Brasileiro da Educação Básica 2016* revelam, entre outros aspectos: infraestrutura insuficiente das escolas – no ensino fundamental, menos da metade dos estabelecimentos da rede pública dispõem de biblioteca e/ou sala de leitura, de acesso à internet, de laboratório de ciências, de quadra de esportes; formação insuficiente de professores – cerca de um quarto dos profissionais da educação básica não têm formação superior para a docência; nos anos finais do ensino fundamental e, no ensino médio, menos da metade de professores têm formação superior compatível com a área de conhecimento que lecionam; formação inicial em geral inadequada e programas de formação continuada quase sempre inconsistentes e descontinuados; condições precárias de trabalho para professores – além das dificuldades que resultam da infraestrutura insuficiente das escolas, salários injustos e muito abaixo da média salarial de outros profissionais com curso superior; necessidade de atuarem em duas, três ou mais escolas.

Os dados apresentados acima são referentes à rede pública; se comparados com dados da rede privada, evidencia-se a desigualdade entre a qualidade da escola para o povo, a escola pública, e a qualidade da escola para as camadas favorecidas. Tome-se como comprovação dessa desigualdade o Índice de Desenvolvimento da Educação Básica (IDEB), índice que avalia a qualidade da educação com base em dois indicadores: o desempenho dos alunos, aferido por avaliações externas, e as taxas de aprovação em todas as etapas de ensino, obtidas por meio do Censo Escolar. Em 2013, embora nos anos iniciais do ensino fundamental da rede pública tenha sido atingida a meta proposta para o ano, 4.9, na rede privada essa meta já foi ultrapassada em muito, chegando a 6.7; nos anos finais do ensino fundamental e no ensino médio, as metas para 2013 não foram alcançadas na rede pública, evidenciando-se diferença significativa entre a rede pública e a rede privada: o IDEB da rede pública, nos anos finais do ensino fundamental, foi de 4.0, abaixo da meta de 4.4 proposta para essa etapa, enquanto a rede privada ultrapassou a meta, alcançando o índice de 5.9; no ensino médio, em que a meta proposta era, para 2013, de 3.9, a rede pública ficou abaixo, alcançando apenas 3.4, enquanto a rede privada ultrapassou em muito a meta, chegando a 5.4.

Hipercorreção – também denominada *ultracorreção*, é o fenômeno linguístico que consiste numa incorreção – ou num "excesso de correção" – de pronúncia, de acentuação, de concordância etc., como resultado da tentativa de uso da variedade linguística de prestígio, motivada por uma excessiva preocupação de identificação com as variedades linguísticas das classes sociais privilegiadas. Exemplos: "rúbrica" por *rubrica*, "telha de aranha" por *teia de aranha*, "copo com água" por *copo de água* (no pressuposto de que *de água* indicaria a matéria de que é feito o copo, como em copo *de cristal*), "prevelégio" por *privilégio*, "os livros não devem serem esquecidos" por *os livros não devem ser esquecidos*, "cincos dias" por *cinco dias*, "haviam muitas pessoas" por *havia muitas pessoas*. A hipercorreção costuma ser designada *hiperurbanismo*, por ser comum entre os que deixam o campo em busca da cidade e procuram adaptar-se ao modo de falar urbano, esforçando-se para ajustar sua linguagem aos modelos urbanos, o que pode resultar em uma correção excessiva que leva ao erro. A hipercorreção ocorre também na língua escrita; exemplos: "soltol" por *soltou*, "cantol" por *cantou*, "partil" por *partiu*, por influência da grafia de palavras como lençol, farol, canil, em que a letra L final corresponde ao fonema /u/; "aprendir a lição" por *aprendi a lição*, por generalização da existência do /r/ final em infinitivos; "tratam-se de crianças com problemas" por *trata-se de crianças com problemas;* "houveram muitas dificuldades" por *houve muitas dificuldades.*

Hipocorreção – é o fenômeno linguístico que consiste no uso voluntário e proposital, por um falante de variedade de prestígio, de formas linguísticas próprias de variantes estigmatizadas, com o objetivo de mostrar-se simples, complacente, solidário com as camadas populares.

Norma-padrão – também impropriamente chamada *norma culta* e ainda *norma padrão culta*, designa uma língua ideal, abstrata, descontextualizada, em que se fundamentam prescrições para o uso da língua: as regras em geral propostas nas gramáticas normativas. É *norma* porque é considerada um regulamento, um conjunto de preceitos para o *uso ideal* da língua; é considerada *padrão* porque é proposta como modelo a ser seguido no uso da língua. O uso do adjetivo *culta*, nas expressões *norma culta* e *norma padrão culta*, é impróprio porque, no sentido sociológico e antropológico de *cultura*, não há línguas cultas e incultas ou variedades linguísticas cultas e incultas, já que línguas existem em grupos sociais e não há grupos desprovidos de cultura: cada língua é elemento de uma cultura, integrante do conjunto de conhecimentos e comportamentos que caracterizam e distinguem um grupo social. A expressão *norma culta* se justifica apenas como termo técnico, usado por pesquisadores para designar comportamentos linguísticos de falantes definidos como *cultos*; por exemplo, a pesquisa Nurc (Norma Urbana Linguística Culta) buscou identificar e descrever comportamentos linguísticos de falantes considerados *cultos* segundo critérios extralinguísticos: alto nível de escolaridade (superior completo) e inserção e vivência em contextos urbanos (cidades com mais de 100 anos de fundação e mais de um milhão de habitantes). Neste caso, *norma*, na expressão *norma culta*, refere-se à *descrição* de usos *reais* da língua, e não a *prescrições* para um uso *ideal* da língua. Como variam os critérios extralinguísticos para definir falantes como *cultos* (frequentemente a posição de prestígio na hierarquia social é assumida como um critério), também variam as falas consideradas *cultas*, que, assim, não constituem uma só variedade homogênea, mas constituem *variedades cultas*, no plural.

Registros – também chamados *níveis de fala* e ainda *estilos*, designam as variações do comportamento linguístico determinadas pela natureza da situação de interação, que pode variar de grande formalidade a total informalidade, dependendo, entre outros fatores, das relações entre os interlocutores – próximas ou distantes; do ambiente em que ocorre a interlocução – descontraído ou tenso; do tema objeto da interação – conhecido ou desconhecido, controverso ou não. Assim, diferentes situações

138 • Linguagem e escola

de interação demandam do falante diferentes graus de monitoramento ou controle de seu comportamento linguístico, atenção maior ou menor à fala, em uma gradação que se estende em um *continuum*, sendo impossível determinar as fronteiras entre graus de monitoramento estilístico. É frequente os registros serem denominados de forma dicotômica – *estilo formal, estilo coloquial*, terminologia que traz o risco de ficarem apagados os graus em que se distribuem esses diferentes estilos. É o monitoramento da fala que pode levar tanto à *hipercorreção* (ver verbete) quanto à *hipocorreção* (ver verbete).

Sociolinguística, Sociologia da Linguagem – uma e outra estudam as relações entre a linguagem e a sociedade e por isso, muitas vezes, são tomadas como equivalentes. Há, porém, entre elas, uma diferença de ênfase e de foco de análise. Pode-se dizer que a *Sociolinguística* estuda a língua em relação com a sociedade, ao passo que a *Sociologia da Linguagem* estuda a sociedade em relação com a língua. Ou seja: para a primeira, a língua é o objeto de estudo, e os fenômenos sociais são meios para compreender e explicar os fenômenos linguísticos; para a Sociologia da Linguagem, ao contrário, a sociedade é o objeto de estudo, e os fenômenos linguísticos apenas completam ou confirmam os fenômenos sociais. Os estudiosos e pesquisadores de uma e outra ciência diferem uns dos outros tanto por seu interesse maior – a língua ou a sociedade – quanto por sua formação e experiência: os sociolinguistas têm formação linguística e experiência na análise das estruturas linguísticas, enquanto os sociólogos da linguagem têm formação sociológica e experiência em análise das estruturas sociais. Sociolinguística e Sociologia da Linguagem não se confundem, pois; para compreender a especificidade de cada uma dessas ciências, basta comparar autores que são estudados neste livro: Labov (capítulo "Diferença não é deficiência") e Bourdieu (capítulo "Na escola, diferença é deficiência"): ambos defendem a teoria das diferenças linguísticas, mas, enquanto Labov estuda essas diferenças e vai buscar nos fenômenos sociais explicações para elas, Bourdieu estuda as estruturas sociais, e vê as diferenças linguísticas como consequência dessas estruturas. Bernstein (capítulo "Deficiência linguística?") é, também, um sociólogo da linguagem, não um sociolinguista.

Variedades linguísticas – uma língua não é um sistema homogêneo, mas heterogêneo: falantes de uma mesma língua diferem em seus comportamentos linguísticos, em seus modos de falar essa mesma língua. Esses diferentes modos de falar se correlacionam com *fatores geográficos* – os lugares (país, estado, região) em que a língua é falada, são os *dialetos* (ver verbete); com *fatores sociais* – classe social, idade, sexo, entre outros, são as *variedades sociais* (ver verbete); e ainda com *fatores situacionais* – o nível de maior ou menor formalidade da situação em que ocorre a interação linguística, são os níveis de fala, ou **registros** (ver verbete). Esses diferentes modos de falar uma mesma língua constituem as *variedades linguísticas*. Estas, embora tenham, cada uma, características próprias que as diferenciam das demais, têm também características que se interpenetram, de modo que se pode reconhecer, tanto em dialetos quanto em variedades sociais e ainda em registros, um *continuum* de variações ao longo de zonas dialetais, de classes sociais e de situações de interação.

140 • Linguagem e escola

Variedades sociais – a língua não é uma entidade abstrata, exterior aos que a usam; é uma atividade social e, como tal, traz a marca dos que a usam. Por exemplo: a marca da *idade* que têm – o modo de falar de adolescentes é diferente do modo de falar de seus pais; a marca do *sexo* a que pertencem – estudos sociolinguísticos apontam que homens e mulheres usam de modo diferente os recursos que a língua oferece; a marca da *profissão* que exercem – comunidades profissionais têm modos de falar específicos de sua profissão; a *classe social* a que pertencem – pessoas de classes privilegiadas usam modos de falar diferentes dos modos de falar de pessoas de classes desfavorecidas (ver os verbetes *camadas populares/camadas desfavorecidas, camadas privilegiadas/camadas favorecidas*). Variedades sociais são também chamadas de *socioletos*. Este livro trata particularmente de variedades sociais relacionadas com classes sociais: *variedades de prestígio*, que caracterizam as classes socioeconomicamente favorecidas, e *variedades estigmatizadas*, que caracterizam as classes socioeconomicamente desfavorecidas, característica que, em sociedades capitalistas, constitui um *estigma*, no sentido sociológico dessa palavra: *estigma* designando características de um grupo em condições opostas ao que é valorizado na hierarquia social de sociedades capitalistas. *Variedades de prestígio* não se identificam com *norma-padrão* (ver o verbete *norma-padrão*).

Bibliografia comentada

Como não se pretendeu incluir neste livro uma revisão do que foi e tem sido produzido sobre as relações entre linguagem e escola na perspectiva da organização de sociedades capitalistas e no quadro da variação linguística, as referências bibliográficas ao longo do texto, apresentadas em notas de fim de capítulo, são apenas aquelas necessárias para que o leitor seja informado da fonte de algumas poucas citações. No entanto, julgou-se oportuno acrescentar esta Bibliografia comentada, com o objetivo de sugerir alguns livros e artigos que podem orientar o leitor que deseje aprofundar ou ampliar seus conhecimentos sobre os temas discutidos no livro.

As sugestões estão distribuídas por temas. O primeiro tema, *Escola e desigualdade social*, sugere livros sobre a questão das relações entre escola e classes sociais, democratização do ensino e fracasso escolar, a maioria deles com referências explícitas aos problemas de linguagem. O segundo tema, *Escola e variação linguística*, apresenta algumas obras de Sociolinguística em que a questão da variação linguística é discutida em sua relação com a discriminação e o preconceito linguístico na escola. Os três temas seguintes se voltam para *Bernstein, Labov* e *Bourdieu*, com a sugestão de obras em que esses autores, aos quais se deu particular realce neste livro, apresentam, de forma mais completa e sistemática, seu pensamento sobre as relações entre linguagem, escola e sociedade. Para todos os temas, sugerem-se, predominantemente, obras de autores brasileiros: como as relações escola-sociedade-linguagem colocam-se de forma diversa em contextos socioculturais e econômicos diferentes, preferiu-se sugerir obras que discutem a questão no contexto brasileiro. No entanto, traduções que permitem uma reflexão sobre o tema na realidade brasileira são também sugeridas.

ESCOLA E DESIGUALDADE SOCIAL

A produção sobre esse tema tem sido significativamente enriquecida desde a década de 1980; aqui, porém, comentam-se apenas obras que marcaram mais fortemente as discussões sobre as relações escola e sociedade no contexto brasileiro dos anos 1980, momento em que essas relações começaram a ser aqui discutidas e que, pode-se dizer, estão na origem dos estudos e pesquisas que vêm sendo desenvolvidos desde então, mantendo sua pertinência para a análise da realidade educacional brasileira, o que se comprova pelas sucessivas reedições e reimpressões que têm tido (como foi dito no prefácio deste livro). Esta primeira parte da Bibliografia comentada tem, assim, sobretudo o sentido de retomada histórica, não propriamente de atualização da produção sobre o tema.

BRANDÃO, Zaia (org.) *Democratização do ensino*: meta ou mito? 3. ed. Trad. Priscila de Siqueira. Rio de Janeiro: Francisco Alves, 1987.

O livro reúne a tradução de sete textos, cinco de autores franceses e dois de autores ingleses, publicados originalmente na primeira metade dos anos 1970, propondo questões sobre fracasso escolar e o papel discriminatório da escola em sociedades divididas em classes, questões que então já vinham sendo discutidas em países europeus. A primeira edição dessa coletânea é de 1979, data que permite supor que tenha sido uma das primeiras obras a introduzir no Brasil a questão das relações entre escola e classe social. Houve uma segunda edição em 1985 e uma terceira em 1987 (a mais recente, acima referenciada), o que revela a relevância que essa questão ganhou nos anos 1980 no Brasil. Embora se refiram a contextos estrangeiros, os textos colaboram para a compreensão da realidade brasileira, não só tal como ela se apresentava na década de 1980, mas também ainda hoje, relacionando-se estreitamente, pois, com os temas discutidos nos capítulos deste livro. É de Bernstein, autor ao qual se dedicou grande parte do segundo capítulo deste livro (ver comentário sobre Bernstein nesta Bibliografia comentada), o texto apresentado no capítulo 3 da coletânea; o texto de Denis Lawton, capítulo 2 da coletânea, apresenta um levantamento de pesquisas feitas na Inglaterra sobre as relações entre linguagem e educação na perspectiva da teoria de Bernstein.

PATTO, Maria Helena Souza (org.) *Introdução à Psicologia Escolar.* 4. ed. São Paulo: Casa do Psicólogo, 2010.

O livro é uma coletânea de textos que, embora propostos pela organizadora como "introdutórios à Psicologia Escolar", são de fundamental importância para todos que atuam ou pretendem atuar na escola pública, pois têm o objetivo, nas palavras da organizadora, de colaborar para a compreensão "das relações entre escola e sociedade, no marco de uma formação social capitalista industrial num país do Terceiro Mundo". Os textos estão organizados em quatro partes, todas elas de leitura essencial ao profissional da área da educação escolar; com relação especificamente aos temas desenvolvidos neste livro, são particularmente relevantes os textos que constituem a Parte II, intitulada "Pobreza e escolarização", entre eles um texto de Bernstein, que será comentado adiante, na parte relativa a esse autor, nesta Bibliografia comentada. Comprova a persistência dos temas/problemas discutidos nesta coletânea e a importância que ela vem tendo ao longo das décadas o fato de que a 1ª edição, publicada em 1981, quando esses temas/problemas começavam a ser discutidos no Brasil, teve, ainda na década de 1980, quatro reimpressões, a que se seguiram uma segunda edição ainda nessa década, em 1986, também com quatro reimpressões, uma 3ª edição em 1997, com duas reimpressões, e uma 4ª edição já no século XXI, em 2010, a que foi acima referenciada.

PATTO, Maria Helena Souza. *A produção do fracasso escolar*: histórias de submissão e rebeldia. 4. ed. revista e aumentada. São Paulo: Intermeios, 2015.

A primeira edição desse livro é de 1990 e a ela se seguiram três outras edições, de cada uma tendo sido publicadas várias reimpressões; considerando a edição atual, acima referenciada – a quarta, de 2015 –, conclui-se que há 25 anos o livro vem mantendo sua relevância e pertinência, sendo já considerado um "clássico" nas áreas da Psicologia e da Educação escolares. Na primeira parte do livro, a autora reconstitui a história do fracasso escolar a partir de suas raízes no século XIX, em um quadro de referências histórico, sociológico e educacional; na segunda parte, relata uma pesquisa, realizada entre os anos de 1983 e 1984, que buscou compreender as causas do fracasso escolar de crianças multirrepetentes de uma escola pública, observando-as na escola e em seu ambiente familiar, pesquisa que foi mencionada e resumida no capítulo "Diferença não é deficiência" deste livro, como um caso exemplar de que é a escola que, ignorando as diferenças, e considerando-as deficiências, *produz* o fracasso escolar. Como complemento da quarta edição, encontra-se um texto de duas pesquisadoras, que, tendo localizado duas das crianças que tinham sido sujeitos da pesquisa de Patto, relatam as condições em que viviam 25 anos depois, evidenciando as consequências de suas *histórias de submissão e rebeldia*, mencionadas no subtítulo do livro. Também como complemento da quarta edição, Patto agrega posfácio em que apresenta, trinta anos depois da pesquisa realizada, novas reflexões sobre o tema investigado e sobre sua trajetória de pesquisadora.

Saviani, Dermeval. *Escola e democracia*. Campinas/São Paulo: Autores Associados, 2008.

Publicado em 1983, reunindo artigos divulgados em periódicos entre 1980 e 1983, esse livro tem tido sucessivas edições e reedições: em 2008, publicou-se a 40ª edição, comemorativa de 25 anos de seu lançamento, edição referenciada acima. O livro tornou-se um "clássico" na área da educação: partindo de uma análise crítica das principais teorias pedagógicas, sempre com foco na escola pública, o autor propõe uma *pedagogia histórico-crítica* que tem marcado fortemente as reflexões sobre a educação brasileira. Definido pelo autor como se constituindo "ao mesmo tempo como denúncia das formas disfarçadas de discriminação educacional e anúncio de uma pedagogia superadora das desigualdades" (no prefácio à 30ª edição), o livro provê um quadro histórico e pedagógico para as questões de discriminação linguística discutidas em *Linguagem e escola*, particularmente no primeiro capítulo – "As teorias da educação e o problema da marginalidade" –, em que o autor discute o problema do fracasso escolar e das explicações que têm sido dadas para justificá-lo. Nesse capítulo, o autor apresenta dois grupos de teorias: as que consideram a educação um instrumento de promoção da igualdade social – teorias "não críticas" – (entre as quais se pode situar a teoria da deficiência ou carência e, em decorrência, a escola redentora, discutidas em *Linguagem e escola*) e as teorias que consideram as desigualdades sociais e educacionais como inerentes à estrutura da sociedade – teorias "crítico-reprodutivistas" (entre estas, a teoria da violência simbólica de Bourdieu-Passeron, discutida em *Linguagem e escola* no capítulo "Na escola, diferença é deficiência", e a escola impotente que dessa teoria decorre, mencionada no último capítulo deste livro). Ao final do capítulo, Saviani discute a possibilidade de uma escola articulada com os interesses das camadas populares (que se aproxima da escola transformadora, que se propôs em *Linguagem e escola*).

SNYDERS, Georges. *Escola, classe e luta de classes*. Trad. Leila Prado. São Paulo: Centauro, 2005.

O original francês é de 1976; houve uma tradução para o português europeu no ano seguinte, 1977, que, nas décadas de 1980 e 1990, exerceu grande influência sobre as reflexões que então se faziam sobre a educação no Brasil, onde só em 2005 a obra foi publicada por editora brasileira (edição referida acima); a obra continua sendo leitura relevante para os que estudam e pesquisam as relações entre escola e sociedade capitalista. O autor desenvolve uma análise crítica de proponentes de teorias que, no início dos anos 1970, questionavam as relações entre escola e sociedade: a teoria da escola como reprodutora (Bourdieu-Passeron, em *A reprodução*), a teoria da escola divisionista (Baudelot-Establet, em *A escola capitalista*) e a teoria da desescolarização da sociedade (Illich, em *Sociedade sem escolas*), teorias que negam a possibilidade de a escola, numa sociedade de classes, servir às camadas populares. Discordando, em parte, desse negativismo, o autor propõe uma *escola progressista*, que pode, partindo do incentivo aos aspectos positivos dos alunos pertencentes às camadas populares, levá-los a superar suas "limitações" e escapar ao fracasso. Os problemas de linguagem são objeto de um tópico do capítulo 5, "Questões de linguagem". Embora a concepção de escola progressista de Snyders se aproxime da concepção de escola transformadora, sugerida no último capítulo de *Linguagem e escola*, a análise que o autor faz da linguagem das camadas populares e a função que, em relação aos problemas de linguagem, atribui a uma escola progressista não são exatamente as mesmas apresentadas neste livro. (Por exemplo: o autor justifica a necessidade de os alunos das camadas populares aprenderem a linguagem que denomina "escolar burguesa", afirmando a "superioridade" desta em relação à linguagem popular.)

ESCOLA E VARIAÇÃO LINGUÍSTICA

A bibliografia nacional sobre este tema era ainda muito escassa nos anos 1980, quando foi publicada a primeira edição deste livro; tornou-se progressivamente rica a partir dos anos 1990 e, sobretudo, nas duas primeiras décadas do atual século. Assim, em lugar da bibliografia quase toda estrangeira referenciada naquela primeira edição, são aqui comentadas algumas obras recentes de autores brasileiros consideradas particularmente relevantes para complementar e enriquecer o tema da variação linguística e suas relações com a escola, discutido neste livro. Mantêm-se apenas indicação e comentário de um texto dos anos 1970 (Lemle) que exerceu, naquele momento, significativa influência sobre as reflexões que começavam a ser desenvolvidas no Brasil sobre as relações entre variação linguística e contexto social, e vem sendo, desde então, frequentemente citado em publicações sobre esse tema, pois continua atual.

BAGNO, Marcos. *A língua de Eulália*: novela sociolinguística. São Paulo: Contexto, 1997.

O autor discute o preconceito linguístico em uma narrativa romanceada – uma *novela* – desenvolvida no quadro referencial da Sociolinguística – uma novela *sociolinguística*. Três estudantes dos cursos de Psicologia, Letras e Pedagogia, passando as férias na chácara da tia de uma delas, professora universitária aposentada, recebem dela, por meio de conversas e de observações sobre o modo de falar de Eulália, a empregada da professora, conhecimentos sobre as variedades da língua portuguesa, os fundamentos científicos – linguísticos, sociológicos, históricos – que explicam e justificam essas variedades, levando as estudantes a compreender a importância de combater a intolerância e a censura a indivíduos, particularmente a alunos, que falam uma variedade diferente da variedade de prestígio. Por meio de uma narrativa interessante, de leitura agradável, o autor leva o leitor a compreender e respeitar diferentes modalidades de uso da língua.

BAGNO, Marcos. *A norma oculta*: língua e poder na sociedade brasileira. São Paulo: Parábola, 2003.

O autor discute as relações entre língua e poder, entre língua e estrutura social; critica a concepção de "norma culta" e a noção de "erro", evidenciando que, sob o preconceito linguístico, escondem-se preconceitos sociais. Particularmente o primeiro capítulo – "Por que 'norma'? por que 'culta'?" – amplia e aprofunda os conceitos de *norma* e de *padrão*, quando aplicados à língua.

BAGNO, Marcos. *Preconceito linguístico*: o que é, como se faz. 50. ed. São Paulo: Loyola, 2008.

O livro teve sucessivas edições desde a primeira, em 1999, tendo atingido em 2008 a 50ª edição, revista e ampliada (acima referenciada) e em 2015 a 52ª edição, o que revela que tem sido leitura reconhecida como fundamental para a compreensão do preconceito linguístico e o combate a atitudes de discriminação e censura no uso e no ensino de português. O autor, a partir da discussão de uma "mitologia do preconceito linguístico", que desdobra em oito mitos reveladores de preconceitos linguísticos sobre a língua falada no Brasil, aborda como esses mitos se perpetuam e as possibilidades de desconstruí-los, revelando os preconceitos sociais que se ocultam sob os preconceitos linguísticos e a forma preconceituosa com que a língua é tratada na escola e na sociedade. Esclarece os conceitos de norma-padrão, variação linguística, variedades linguísticas, e as relações entre preconceitos linguísticos e discriminações fundamentadas na posição dos falantes na estrutura social.

BAGNO, Marcos. *Nada na língua é por acaso*: por uma pedagogia da variação linguística. São Paulo: Parábola, 2007.

Com o objetivo de combater a discriminação por meio da linguagem, que é, na verdade, discriminação social, o autor esclarece nesse livro os conceitos de heterogeneidade linguística e social, de variação e mudança linguísticas, discute os conceitos de prestígio e estigma relacionados com o uso da língua e, nesse quadro, distingue norma-padrão de norma culta, classifica e caracteriza variedades linguísticas e suas relações com a hierarquia social em sociedades divididas em classes, relativiza a noção de "erro" em linguagem. Com base nessas reflexões, o autor, como fica claro no subtítulo do livro, propõe como podem e devem ser tratados os fenômenos de variação e mudança no ensino da língua materna e nos livros didáticos.

BORTONI-RICARDO, Stella Maris. *Nós cheguemu na escola, e agora?*: sociolinguística e educação. São Paulo: Parábola, 2005.

Já na interrogação provocadora do título, a autora evidencia o tema central do livro: o conflito entre uma variedade linguística estigmatizada na sociedade e o desafio que ela propõe à escola e a que esta deve responder; infere-se, e o subtítulo confirma, que o livro discute temas sociolinguísticos aplicados à educação. Assim, com base em fundamentação teórica na sociolinguística variacionista e rica exemplificação de situações comunicativas, a autora propõe uma pedagogia que considere as diferenças linguísticas e culturais dos alunos: uma sociolinguística aplicada na sala de aula em atividades de oralidade, de letramento, de leitura, de escrita. Enfatiza a necessidade de uma mudança de atitude da escola, tanto de professores quanto de alunos, em relação a variedades linguísticas estigmatizadas na sociedade, frequentemente presentes nas salas de aula na fala de alunos das camadas populares.

COELHO, Izete Lehmkuhl et al. (orgs.) *Para conhecer Sociolinguística*. São Paulo: Contexto, 2015.

O livro permite aprofundar conhecimentos sobre o objeto da Sociolinguística e seus conceitos básicos: a variação linguística e seus condicionantes, entre eles o nível socioeconômico, privilegiado em *Linguagem e escola*. Há um capítulo dedicado especificamente às relações entre variação linguística e ensino de língua, em que são discutidos os conceitos de *norma padrão* e *norma culta* e de variedades linguísticas, os preconceitos linguísticos, a noção de "erro", as polêmicas em torno da tradição gramatical escolar e a teoria da variação linguística. O capítulo indica as contribuições da Sociolinguística para o ensino da língua e para a prática do professor em sala de aula. Ao final de cada um dos quatro capítulos do livro, são sugeridas atividades sobre seu conteúdo e sugestão de leituras complementares.

LEITE, Marli Quadros. *Preconceito e intolerância na linguagem*. 2. ed. 2012. São Paulo: Contexto, 2012.

A autora discute os conceitos de *preconceito* e *intolerância* e mostra como o primeiro (uma opinião ou sentimento) pode levar à segunda (uma atitude de rejeição à diferença). Põe o foco no preconceito linguístico, definido como uma opinião sobre a linguagem de outro, e na intolerância a que essa opinião leva. A autora analisa preconceito e intolerância linguísticos em vários exemplos de discursos veiculados pela imprensa e discute mais amplamente, em um último capítulo, o problema do preconceito e consequente intolerância na educação. A primeira edição do livro é de 2008.

LEMLE, Miriam. "Heterogeneidade dialetal: um apelo à pesquisa". *Tempo Brasileiro*. Rio de Janeiro, v. 53/54, 1978, pp. 60-94.

Na primeira parte do artigo, a autora discute as relações entre fatos linguísticos e situações sociais, apontando a importância e as implicações da compreensão dessas relações para o ensino da língua materna. Na segunda parte, são apresentados exemplos de casos de divergência entre a norma-padrão e o português popular do Rio de Janeiro, e as implicações para uma didática da língua materna. A terceira parte descreve um estudo sobre a regra de concordância verbo-sujeito no uso de alunos do Mobral, no Rio de Janeiro, evidenciando características da variedade linguística de indivíduos das camadas populares em situação de alfabetização. O artigo foi um dos primeiros textos a colocar em discussão as relações entre variedades linguísticas e classes sociais.

BERNSTEIN

O trabalho de Basil Bernstein e de seu grupo de pesquisa voltado para uma Sociologia da Linguagem está publicado, fundamentalmente, na série *Class, Codes and Control* (Classe, códigos e controle), composta de quatro volumes: volume 1, *Theoretical Studies Towards a Sociology of Language* (Estudos teóricos sobre uma Sociologia da Linguagem); volume 2, *Applied Studies Towards a Sociology of Language* (Estudos aplicados em uma Sociologia da Linguagem); volume 3, *Towards a Theory of Educational Transmissions* (Para uma teoria das transmissões educacionais); volume 4, *The Structuring of Pedagogic Discourse* (A estruturação do discurso pedagógico). No volume 1 é que se encontram os textos de Bernstein relacionados diretamente com a teoria da deficiência linguística, discutidos no capítulo "Deficiência linguística?" deste livro, textos produzidos no período entre 1958 e 1973; é particularmente importante a Introdução desse volume 1, em que Bernstein faz uma análise crítica da evolução de seu próprio pensamento, durante esse período. O volume 2 da série é interessante para que se conheçam a natureza e a metodologia das pesquisas que procuram a verificação empírica da teoria de Bernstein; os volumes 3 e 4 são de grande interesse para a área da educação, por sua teoria sociológica do currículo e da pedagogia no processo de reprodução cultural. Apenas o volume 4 da série *Class, Codes and Control* foi traduzido para o português brasileiro.

BERNSTEIN, Basil. *A estruturação do discurso pedagógico*. Trad. Tomaz Tadeu da Silva e Luís Fernando Gonçalves Pereira. Petrópolis: Vozes, 1996.

Há duas traduções de textos de Bernstein, incluídas em coletâneas citadas nesta Bibliografia comentada:

BERNSTEIN, Basil. Estrutura social, linguagem e aprendizagem. In: Patto, Maria Helena Souza (org.) *Introdução à Psicologia Escolar*. 4. ed. São Paulo: Casa do Psicólogo, 2010, pp. 145-69. (Ver comentário sobre essa coletânea nesta Bibliografia comentada.)

Esse artigo, originalmente publicado em 1961, no periódico *Educational Research*, expressa com clareza a teoria da deficiência linguística, tema do capítulo "Deficiência linguística?" deste livro: está nesse artigo o exemplo da diferença de "códigos" em diálogos entre mãe e filho, citado no capítulo. O artigo é leitura fundamental para quem pretenda compreender em profundidade as concepções de Bernstein sobre dois "códigos" linguísticos e suas repercussões na aprendizagem escolar.

BERNSTEIN, Basil. Uma crítica ao conceito de educação compensatória. In: BRANDÃO, Zaia (org.) *Democratização do ensino: meta ou mito?* 3. ed. Trad. Priscila de Siqueira. Rio de Janeiro: Francisco Alves, 1987, pp. 43-57. (Ver comentário sobre essa coletânea nesta Bibliografia comentada.)

Esse é um dos mais conhecidos textos de Bernstein, incluído com frequência em coletâneas, traduzido para várias línguas. Foi mencionado e citado no capítulo "Deficiência linguística?" deste livro.

LABOV

Para as questões discutidas neste livro, o texto fundamental de Labov é:

LABOV, William. The Logic of Nonstandard English. *Language in the Inner City*. Philadelphia, University of Pennsylvania Press, 1972, cap. 5.

No capítulo 5 dessa obra, Labov analisa o inglês não padrão de adolescentes negros do Harlem, em Nova York; nele se baseia o que foi exposto no capítulo "Diferença não é deficiência" deste livro, sobre a defesa que Labov faz da variedade linguística dos negros norte-americanos como uma língua com regras coerentes, constituindo uma gramática própria. Esse texto de Labov é muito conhecido, citado com frequência e já foi publicado em várias coletâneas estrangeiras, mas não há tradução para o português.

Livro fundamental de Labov, considerado um "clássico" da Sociolinguística variacionista, este traduzido para o português, é:

LABOV, William. *Padrões sociolinguísticos*. Trad. Marcos Bagno; Marta Pereira Scherre; Caroline R. Cardoso. São Paulo: Parábola, 2008.

O capítulo 8 desse livro, "O estudo da língua em seu contexto social", é particularmente relevante para o aprofundamento dos temas discutidos em *Linguagem e escola: uma perspectiva social*.

BOURDIEU

Pierre Bourdieu tem uma rica produção no campo da Sociologia, com significativa contribuição para a educação; citam-se aqui livros que tratam da questão da linguagem e estão traduzidos para o português.

BOURDIEU, Pierre; PASSERON, Jean Claude. *A reprodução*: elementos para uma teoria do sistema de ensino. Trad. Reynaldo Bairão. Rio de Janeiro, Vozes, 2008 [1. ed. em português, 1975; original francês, 1970].

É nessa obra que Bourdieu e Passeron apresentam a "teoria da reprodução" ou "teoria da violência simbólica". A obra está dividida em duas partes: na primeira é apresentada a teoria da reprodução; a segunda parte inclui aplicações da teoria. Para as questões discutidas em *Linguagem e escola*, o capítulo 2 da segunda parte – "Tradição erudita e conservação social" – é o mais relevante: trata especificamente da questão das relações entre linguagem, escola e classe social e discute o conceito de "capital linguístico escolarmente rentável".

Outros trabalhos de Bourdieu aparecem em português numa seleção de textos organizada por Sergio Miceli:

BOURDIEU, Pierre. *A economia das trocas simbólicas*. 6. ed. Trad. Sergio Miceli et al. São Paulo: Perspectiva, 2009 [1. ed. 1974].

Trata-se de uma coletânea de textos de Bourdieu; o capítulo 3 – "O mercado dos bens simbólicos" – permite situar numa perspectiva mais ampla, isto é, no contexto da troca de bens simbólicos, entre os quais se inclui a língua, a questão da linguagem, de que tratou especificamente este livro.

Livro de Bourdieu fundamental para o aprofundamento das questões apresentadas no capítulo "Na escola, diferença é deficiência" é:

BOURDIEU, Pierre. *A economia das trocas linguísticas*: o que falar quer dizer. 2. ed. Trad. Sergio Miceli et al. São Paulo: Edusp, 2008 [1. ed. em português, 1996; original francês, 1982].

O livro é uma coletânea de artigos publicados a partir de 1975 por Bourdieu, todos eles no quadro de uma Sociologia da Linguagem, discutindo e analisando as relações entre a língua e quem a fala. Particularmente a Parte I, cujo título repete o título do livro, relaciona-se estreitamente com o que foi discutido no capítulo "Na escola, diferença é deficiência": nessa parte, Bourdieu discute as relações de produção linguística, os conceitos de mercado linguístico, capital linguístico, formação de preços e antecipação de lucros no mercado linguístico.

A autora

Magda Soares foi professora titular emérita da Faculdade de Educação da Universidade Federal de Minas Gerais (UFMG) e pesquisadora do Centro de Alfabetização, Leitura e Escrita (Ceale) da Faculdade de Educação da UFMG. Graduada em Letras, doutora e livre-docente em Educação, dedicou sua vida universitária a leituras, pesquisas, docência, publicações marcadas pela reflexão sobre o ensino para crianças. Atuou como voluntária na rede pública de um município mineiro, desenvolvendo, ao lado de gestores e professores, um projeto de alfabetização e letramento na educação infantil e séries iniciais do ensino fundamental. É autora dos livros *Alfabetização e letramento* e *Alfabetização: a questão dos métodos*, também publicados pela Contexto.

GRÁFICA PAYM
Tel. [11] 4392-3344
paym@graficapaym.com.br